Portais
secretos

Rocco

Nilton Bonder

Portais secretos

ACESSOS ARCAICOS
À INTER*NET*

Copyright © 1996 by Nilton Bonder

Direitos desta edição reservados à
EDITORA ROCCO LTDA.
Rua Evariato da Veiga, 65 – 11º andar
Passeio Corporate – Torre 1
20031-040 – Rio de Janeiro – RJ
Tel.: (21) 3525-2000 – Fax: (21) 3525-2001
rocco@rocco.com.br
www.rocco.com.br

Printed in Brazil/Impresso no Brasil

Preparação de originais
ELISABETH LISSOVSKY

CIP-Brasil. Catalogação na fonte.
Sindicato Nacional dos Editores de Livros, RJ.

B694p   Bonder, Nilton
          Portais secretos: acessos arcaicos à internet /
      Nilton Bonder. – Rio de Janeiro: Rocco, 1996.
        (Arco do Tempo)
        Consultoria de coleção: Alzira M. Cohen

          1. Profecia. 2. Tecnologia – Aspectos religiosos
      – Judaísmo. 3. Internet (Rede de computação).
        I. Título. II. Título: Acessos arcaicos à internet.

96-1306   CDD–220.15
                                    CDU–22.016

Em memória de
Salomão Maneia z"l

Que percebeu o abrir de um portal e o transpôs

Certamente, o que hoje coloco diante de ti não está longe de ti nem fora de teu alcance.
Não está nos céus para dizeres: quem subirá por nós aos céus, que no-lo traga, e no-lo faça ouvir?
Nem está além do mar, para dizeres: quem passará por nós além do mar, que no-lo traga, e no-lo faça ouvir?
Pois está muito perto de ti na tua boca e no teu coração, para encontrares.

Deuteronômio XXX:11-14

Sumário

Profecias sobre a Internet

Janelas

Conceito de acesso	17
Pulando o caminho	21
Windows 2030	23
Windows 1751	25
A primeira página interativa	27

Portais

Tecnologia de estar sem ser num lugar	33
Um lugar feito de texto	37
Um lugar feito de tempo	41
A primeira *net* (rede)	45
Kit primitivo de adesão ao provedor	53

O novo paradigma de lugar

Jerusalém celeste	61
Culto aos portais e à senha mestra	65
Exílio e o conceito de virtualidade absoluta	69
Considerações místicas sobre a mídia	75

Meio como um fim.. 79
Quantum ecologia... 85
D'us é o lugar 89

Onde a virtualidade e a realidade se beijam

A literalidade das metáforas... 95
A frente que é as costas... 101
Download na história 105
Virtualidade e messianismo... 109
A última fronteira da virtualidade – a ressurreição dos mortos.. 115
Elias, cadeiras, janelas e portas 119
A terra – lugar – prometida 123

PROFECIAS SOBRE A INTER*NET*

Há pouco menos de três milênios os profetas bíblicos instauraram um estranho processo. Apesar de originados das escolas de vidência da antiguidade e mesmo tendo seu título – *chazon*, o vidente, ou a visão – associado a esta prática, os profetas bíblicos representam claramente uma dissidência. Diferentemente de seus ancestrais videntes eles não são profetas que labutam na dimensão do tempo, mas na dimensão do espaço, do lugar. Os profetas bíblicos se propõem ver o que outros não veem – não necessariamente no tempo, mas no lugar. Suas profecias não eram sobre o que iria acontecer, apesar de muitas vezes serem assim compreendidas, mas sobre o que estava acontecendo. Eles não anteviam o futuro, mas viam o presente com tanta transparência que podiam alertar sobre o futuro contido neste presente. Os profetas bíblicos tinham seus olhos abertos não para a superposição dos tempos, mas para a superposição dos lugares. Eles descobriram "janelas" que não serviam para averiguar os tempos futuros, mas os diversos lugares contidos no que nos parece um só lugar. Eles foram assolados e assombrados não pelo futuro que se faria antever nem mesmo por espíritos que conheciam o que estava por vir, mas por esta estranha entidade que lhes falava de qualquer lugar e lhes fazia enxergar seu lugar de maneira distinta. O que lhes era mostrado não era o que estava por vir, mas um lugar distinto que existia no lugar que percebiam.

Suas falas se configuraram em ética porque tentaram explicar de forma veemente, aos que não enxergavam este outro lugar, uma paisagem maior do que o horizonte do homem comum apreendia. "Vocês não veem?", se perguntava o profeta. Aqui, neste lugar, há algo que é tão oculto na dimensão do espaço como nos parece oculta a dimensão do futuro. O lugar, a mídia da existência, tem tanto ou mais a nos ensinar do que aquilo que vai ser, do que a finalidade da existência. Despertava pela primeira vez o ser humano para a pergunta "onde estamos e onde poderíamos estar?", em vez de "de onde viemos e para onde vamos?".

A produção deste questionamento não surge mais como uma fala da história, mas uma fala da ética – não do que será no tempo, mas do que é possível ver aqui para além daqui. Este novo vidente via no lugar o que outros não viam e, diferentemente daqueles que diziam ver o futuro (algo que parecia por alguma razão plausível ao ser humano comum), era um incompreendido, chamado de *meshugah* – louco.

A proposta deste livro é propiciar uma reflexão dos conhecimentos do passado sobre o conceito de lugar fazendo uso deste fascinante instrumento e metáfora que é a inter*net* e, como não poderia deixar de ser, fazer especulações sobre o conhecimento do conceito de lugar no futuro. Sua estrutura ainda arcaica é prisioneira do paradigma de reflexão do tempo e não do lugar. Pode, por isso, parecer mais dado à tarefa do vidente do que do profeta bíblico, mas nos será mais fácil visualizar o que não vemos descrevendo-o por estruturas que enxergamos. É portanto um livro que não consegue fugir de ser sobre o tempo, sobre o passado e sobre o futuro, mas que espera gerar uma sensação de algo que um dia será compreendido melhor sem o uso da metáfora da história. Um livro talvez tão obsoleto como os óculos usados nos filmes em terceira dimensão; enfim, um mundo de Flintstones onde tudo é possível desde que seja de pedra, já que não sabemos fazer uso de outra coisa.

JANELAS

Conceito de acesso

Na verdade, o que é propiciado aos profetas bíblicos não é sair do lugar, nem sequer navegar pelo tempo – lhes é permitido acesso. Verbo enriquecido em seu uso na cibernética, "acessar" tornou-se uma palavra-chave para compreender os meios. Os meios permitem acesso a algo que era real e existente, mas que, antes do acesso, não podia ser alcançado ou percebido. Entre as representações de acesso no passado a ideia de lugar aparece de forma privilegiada. De duas maneiras o texto bíblico associa lugar e acesso: 1) todo lugar é um acesso e 2) qualquer lugar é um acesso.

Todo lugar é um acesso:
Recomendo aos que conhecem a língua hebraica tirar da prateleira sua Bíblia e acompanhar o texto original para usufruir de sua clareza. Estamos em Gênesis (28:10). Jacó foge de casa por temer que seu irmão queira matá-lo. O texto começa descrevendo que ele se encontra em deslocamento de Beer-Sheva para Haran – de um lugar para outro lugar. Versículo seguinte: "Depara-se com **o lugar** e lá se deita porque caía o sol." A construção hebraica é bastante inusitada: *va-ifgá ba-makom* – foi pego, maculado ou tocado pelo lugar. O texto não diz *"be-makom"*

– num lugar; mas "*ba-makom*" – no lugar. Que lugar? O texto não esclarece e o contexto também não. O relato prossegue com uma concretude dramática: "e pegou das pedras do **lugar** para sua cabeceira e deitou-se neste **lugar**". O texto é impressionantemente explícito: a noção de lugar é sua preocupação. Não estamos mais "num lugar", nem sequer "no lugar", mas "neste lugar" – *ba makom ha-hú*.

Neste lugar Jacó tem seu famoso sonho em que vê uma escada pela qual sobem e descem anjos. Quando Jacó se desperta, lemos (28:16): "Acordou Jacó de seu sono e disse: 'Certamente há D'us **neste lugar** e eu não o pe*net*rava!*' E temeu e disse: 'Que tremor, este lugar! Não é outro senão a casa de D'us, este, a porta dos céus!'" Este lugar, todo lugar, é *shaar* – uma abertura, um acesso – aos céus.

Sensibilizado por seu momento de vida, por sua crise, Jacó tem acesso a outra compreensão do lugar onde está. Este lugar, onde ele realmente se encontra, não é limitado ao lugar físico [onde está situado] – há nele acesso para um outro lugar onde ele tão verdadeiramente estava e não percebia.

Qualquer lugar é um acesso:
Em Gênesis (21:17) o texto relata a expulsão de Hagar, mulher de Abrão, juntamente com seu filho Ismael. Estando sem água em pleno deserto, já às raias do desespero, Hagar procurou afastar-se da criança para não presenciar sua morte. Neste ins-

---

* pe*net*rar – Esta é a tradução de André Chouraqui, fazendo uso do verbo *iadá*, que tem tanto o sentido de "saber" como de "penetrar". "Adão soube Eva" é a descrição de seu primeiro ato sexual. É uma tradução que auxilia em muito a compreensão de nossa questão em particular. Penetrar uma mulher é conhecer um lugar no sentido mais literal, tal ato representa acesso a dimensões fantásticas de sabores e memórias da natureza que não podem ser descritas na percepção bruta deste lugar.

tante D'us ouviu o choro da criança e disse: "O que tens Hagar? Não temas; pois escutou o D'us a voz do menino **de onde ele está** (*Ba-asher hu sham*)!"

Para melhor compreender esta passagem Reb Nachman de Bratslav* traz um outro versículo (Deuteronômio 4:29): "Desde lá procurarás o Eterno teu D'us." Ele então pergunta: "Desde lá, onde? Desde o lugar em que se encontra (*ba-asher hu sham*)!"

Qualquer lugar permite acesso.

É interessante notar que, no texto anterior do sonho de Jacó, a palavra fundamental é *makom* – lugar. Aqui, neste texto, ela é como que evitada. A tradução literal de *ba-asher hu sham* é "no qual ele está lá". O que designa lugar é a palavra *sham* – lá. Se o texto de Jacó enfatiza "aqui" (*makom ha-zé* – este lugar), o texto de Ismael enfatiza "lá". Isto porque o acesso existe tanto aqui como lá. Ou seja, aqui e lá podem ser o mesmo lugar desde que exista o acesso correto. Qualquer lugar pode ser todo lugar e todo lugar pode ser qualquer lugar.

---

* Líder espiritual chassídico que viveu no princípio do século XIX.

MARC CHAGALL – A ESCADA DE JACÓ

Pulando o caminho

Esta estranha ideia que faz tremer Jacó de que este lugar é o lugar – todo ou qualquer lugar – depende da palavra-chave por ele utilizada: *shaar* – portal de acesso. Inúmeras vezes na literatura cabalística* é utilizada a ideia de *k'fitsat ha-derech* – pulando o caminho. Para os mestres cabalísticos era possível saltar de um lugar para outro, aparentemente longínquo, sem passar por nenhum outro lugar intermediário. Uma espécie de teletransporte ou de mágica que era possível desde que o mestre conhecesse um *shaar* – um portal de acesso.

O segredo, na verdade, está na descoberta de Jacó. A capacidade gradual de transformar um lugar no lugar e, posteriormente, neste lugar, é o acesso para pular o caminho. É, na verdade, o que fazemos hoje precariamente com nossos meios/computadores. Desde um lugar (micro) acessamos o lugar (rede), que não é lugar algum, e fazemos de um outro lugar este lugar onde estamos. Estamos engatinhando com meios por nós criados na arte de pular o caminho e perceber os portais no espaço que nos levam para outros espaços. Os meios que produzimos através da ciência são modelos de estruturas similares também encon-

---
* *The Wisdom of the Zohar* – I. Tishbi, Vol. II.

trados no mundo à nossa volta. Eles podem nos permitir uma revolução conceitual na ideia de estar.

Há mais de três séculos, o reconhecido líder da comunidade da cidade de Safed, Its'chak Luria, caminhando com seus discípulos para a sinagoga no início do shabat, dia de descanso e orações, sugeriu que passassem aquele dia em Jerusalém. A cidade de Jerusalém ficava a três dias de viagem de Safed e não tardou que lhe perguntassem: "Mas do que você está falando? Como podemos passar o sábado em Jerusalém que fica a mais de três dias de viagem? Nunca chegaríamos lá a tempo!" Luria reagiu: "Se vocês não tivessem duvidado, estaríamos agora andando pelas ruas da cidade de Jerusalém!"

Do que falava Luria? Que acesso tinha ele a este outro lugar tão distante? Tratar-se-ia de veículos como os que temos hoje que, com sua velocidade, vencem o tempo, permitindo ir-se de Safed a Jerusalém em quinze minutos? Ou seria uma alusão à imaginação que nos permite estar onde quer que queiramos? Para a tradição mística judaica nenhuma destas interpretações é correta. Luria conhecia *k'fitsat ha-derech*, o atalho que evita o caminho e faz de qualquer e todo lugar qualquer outro e todo outro lugar.

O conceito definido na experiência de Jacó e que está presente também na ideia de pular o caminho é o de que existem portais – *sha'arim* – nos lugares. Mas antes de falarmos sobre estes portais – concretamente hoje representados pelo modelo da inter*net* – tentemos compreender primeiro o conceito de janelas – *Windows*. Semelhantes aos portais, as janelas estabelecem contato com um outro espaço. As janelas, no entanto, são instrumentos ou aplicativos para perceber-se o que há para além. Os portais nos permitem irmos para além. Para compreender como se pode ir, primeiro precisamos entender o que é este além. As janelas nos ajudam neste sentido.

Windows 2030

Pouco depois de receber um convite para o lançamento do *software* do *Windows 95* da Microsoft, grande badalação cibernética deste tempo em que vivo, chegava em visita ao Rio um mui querido mestre. O convite permanecia sob minha mesa já havia alguns dias quando, na véspera da chegada deste mestre, tive um sonho. Era um destes sonhos doces que em sua duração e mesmo ao despertar nos dão uma sensação de absoluta paz e uma certa euforia. Sonhara que estava parado quando um ancião se aproximou de mim. Olhei com atenção e curiosidade e vi que o conhecia. "Você não é o Baal Shem Tov?", perguntei incrédulo, pois o Baal Shem Tov havia sido o mais importante líder espiritual judaico do final do século XVIII ou, por que não dizer, de toda a era moderna. Ele respondeu um singelo e desafetado "sim". Recordo-me ainda hoje do regozijo e excitação que experimentei. "Tenho algo para você...", prosseguiu ele. "Algo que nenhum outro ser humano possui." Senti-me profundamente abençoado ou, para ser mais honesto ao próprio sentimento, senti-me como uma criança prestes a receber um presente muito esperado e que nenhuma criança das redondezas tinha. Pensei: "O que será que nenhum ser humano tem?" O Baal Shem Tov contestou instantaneamente, como se lesse meus pensamentos: "Vou te dar o *Windows 2030*."

Acordei com uma sensação mista de bem-estar e um certo humor. Não era então tudo isto muito sagaz da parte de meu inconsciente? Dar-me algo que ninguém tem... como me sairia desta? Pois meu inconsciente provera-me de uma resposta bastante criativa. O *Windows* que, na forma de convite, ainda pairava sobre minha mesa era a resposta. Mas não qualquer *Windows*, mesmo o 95, porque este, qualquer mortal poderia obter. Tratava-se do *Windows* que ainda não existia, mas que um dia existiria.

O Baal Shem Tov me oferecia algo que era impossível de ser obtido a não ser com o passar do tempo, que separa aquilo que um dia se fará disponível a todos daquilo que hoje é mera especulação da mente. Isto foi o que pensei inicialmente até que prestei atenção na própria metáfora do *Windows* e comecei a achar que meu inconsciente havia me pregado uma peça um pouco mais complexa do que julgara.

O Baal Shem Tov chamava-me a atenção de que o *Windows* 2030 não é apenas obtido pela passagem do tempo, mas que bastava abrir-se janelas, mesmo que por trás do *Windows 95*, e se teria acesso ao que de outra forma seria impossível. As janelas, diferentemente das portas, não nos levam a outro lugar, mas permitem que vejamos outro lugar.

O *software* da Microsoft nada mais é do que um meio que, através da mídia de janelas que se abrem e se sobrepõem, permite trabalhar integradamente. A superposição de várias janelas, de vários lugares de trabalho num único, permite uma importante eficácia antes inacessível.

Para minha surpresa, no dia seguinte, ao relatar ao mestre que nos visitava meu sonho, este recomendou a leitura de um ensinamento do Baal Shem Tov que me era desconhecido. Tratava-se da elaboração por Baal Shem Tov, há mais de dois séculos, sobre a mídia das janelas.

Windows 1751

Ein chadash tachat ha-shamesh... não há nada de extraordinariamente novo debaixo do sol, diz o livro de Eclesiastes, Aquele-que-sabe. O que há sempre de novo são os aplicativos, a maneira pela qual aquilo que se sabe pode ser colocado a serviço do humano e da humanidade. Se olharmos por esta perspectiva só faz sentido qualquer patente ou direito autoral sobre os aplicativos.

Se não fosse assim, a Microsoft teria que procurar os descendentes do Baal Shem Tov e reconhecer sua antecedência na criação da mídia das janelas em pelo menos duzentos anos. No ensinamento que meu mestre sugerira, havia uma impressionante conexão com meu sonho. O tema deste ensinamento do Baal Shem Tov era sobre a mídia representada pela liturgia das orações. Questionava ele a maneira pela qual um texto sagrado deveria ser tratado. Citava então um versículo da Bíblia em Gênesis (5:16). O contexto deste versículo é a história de Noé. D'us recomenda-lhe a construção de urna arca – *tevá* – para que pudesse sobreviver ao dilúvio juntamente com os animais que recolheria. Entre estas recomendações encontra-se: *tsoar ta'assé la-tevá* – construirás uma janela/abertura para tua arca. O Baal Shem Tov então faz uma incrível conexão. A palavra *tevá* em hebraico, que é usada no sentido de "arca", também tem o sentido de "vocábulo" ou "palavra". Afinal de contas, o que é uma palavra senão uma arca, um receptáculo que contém um signo ou sentido nela preservado? A palavra é uma nave.

Este, no entanto, não era o grande insight do Baal Shem Tov. Ele retorna então ao versículo de Gênesis e faz uma releitura deste com o significado da palavra "*tevá*" como "vocábulo". O versículo é lido da seguinte maneira: "Faça uma janela para a tua palavra." O Baal Shem Tov explicava então que as palavras e seus significados literais são apenas "arcas/naves" para as quais devemos saber abrir janelas. Estas janelas revelam o que está por detrás das palavras. Descobrimos assim que as palavras são mídias e que, muito além do que representam de forma concreta, permitem-nos abrir uma série de novas dimensões a partir delas e ampliarmos nossa compreensão e capacitacão. Estas janelas que hoje dispomos visualmente através de telas que se sobrepõem – que é a grande ideia gráfica do programa *Windows* – foram imaginadas há duzentos anos pelo Baal Shem Tov. Ele com certeza compreendia que cada palavra poderia ser um site (ponto de teia que irradia para todos os outros pontos), fazendo do texto litúrgico ou da própria Bíblia um ponto de partida para todos os cantos do universo – uma conversa com o Criador.

Mesmo não possuindo a mídia (o *hardware*) que permitisse contemplar visualmente sua ideia, o Baal Shem Tov concebeu uma relação que se deveria ter com o texto das orações muito semelhante ao conceito básico do conhecido programa de computação.

A primeira página interativa

A tradição judaica sempre primou pelo desejo de dar atenção à mídia, ao meio do qual fazia uso para transmitir sua cultura e herança. A Torá foi transmitida na mais sofisticada mídia da época – a escrita. As Escrituras se utilizavam de letras impressas em pedra e papiro. O *hardware*, por mais rudimentar, foi explorado ao máximo através do conceito de um texto que diz o que diz e que também diz o que não diz. Inaugurava-se não apenas o texto, mas o comentário.

Foi, no entanto, quase um milênio depois, com a compilação do Talmude, que a mídia para passagem da tradição ganharia uma fantástica inovação. O Talmude é uma obra monumental em tamanho e ousadia onde os rabinos registraram a tradição oral que não estava contida nas Escrituras Bíblicas. Ainda dispondo de *hardwares* muito semelhantes, o Talmude foi concebido como a primeira página interativa da história humana. Numa página (*daf*) se encontram janelas para comentaristas de várias gerações e séculos distintos (vide ilustração, página 29). Além das opiniões registradas nos tratados em si, os diversos comentários ao redor da página são diálogos entre indivíduos que viveram em épocas distintas, que jamais se encontrariam no mundo físico, mas que se encontram no mundo virtual que o

Talmude estabelece. Não apenas isto, mas o rodapé e as margens (*tools*) de cada folha trazem um cruzamento de informações que torna possível identificar interfaces de um assunto tratado no Talmude com outras fontes do próprio texto talmúdico ou do texto bíblico.

O Talmude representa um trabalho de *design* gráfico extremamente arrojado; que permite a abertura simultânea de várias telas (janelas) que se sobrepõem. A mídia aqui permite não apenas o comentário, mas o comentário do comentário. Assim sendo, possibilita acompanhar o próprio processo mental de decifrar e comentar. A euforia daquele que se conecta com o Talmude é semelhante a de quem usufrui hoje de páginas interativas que permitem acessar inúmeras janelas. Pode, portanto, acessar mentes do passado, de várias épocas diferentes, sem sair de sua página. Uma mente pode levá-lo a outra, um assunto a outro. A teia fantástica que se tece deve-se não apenas ao conteúdo do texto, mas à formatação original que deu uma nova dimensão ao próprio texto.

A mídia é fundamental para a compreensão não especificamente do conteúdo de um texto ou informação, mas para que se compreenda em que contexto estes se expressam.

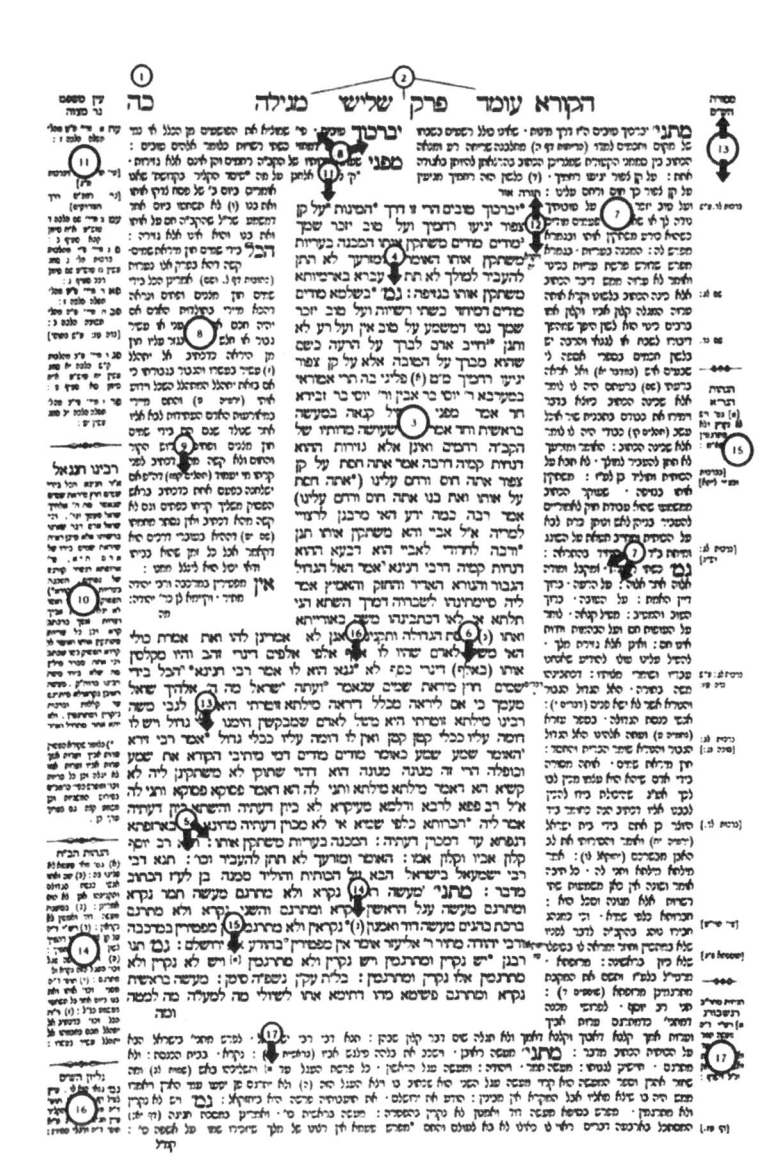

PÁGINA DO TALMUDE

PORTAIS

Tecnologia de estar sem ser num lugar

No início da Era Comum o povo de Israel passou por uma experiência catastrófica. Por mais de um século e meio a invasão dos romanos ameaçava extinguir não só a soberania mas também a própria cultura e civilização dos hebreus. As escatologias que de variadas formas apregoavam o fim do mundo nada mais faziam do que retratar a sensação da catástrofe iminente. E ela ocorreu definitivamente no ano 135 da Era Comum quando, sessenta e cinco anos após ter perdido seu Templo, símbolo maior de sua tradição, Israel sofreu a derrota de sua última revolta. Começava ali o maior exílio de um povo de toda a história do Oriente e Ocidente. Um exílio de mais de mil e oitocentos anos. Para aqueles que experimentaram este período não havia dúvida: ele era longo o suficiente para ser vivido como o fim de um mundo. E o que nos é particularmente interessante nesta situação é o fato de que este grupo tentou permanecer coeso sem um lar nacional. Num mundo ainda por conseguir firmar o conceito de nação e estado, quando a maioria dos estados modernos não eram mais do que um grupamento de feudos, uma nação coesa estava perdendo seu lugar apesar de sua vitalidade cultural. Não possuir mais uma terra, com suas frutas, com suas paisagens, com seu clima, com sua língua e com sua cultura, era experimentado como uma alma que perde seu corpo, produzindo, assim, a sensação da proximidade de seu fim.

No entanto, neste século e meio de dominação romana, os sábios de Israel buscaram fórmulas para salvar esta nação. Uma imagem que bem pode nos remeter ao sentimento deste período é a do famoso personagem de histórias em quadrinhos – o Super-Homem. Este herói, criado por um judeu entre as grandes guerras, retratava nada mais do que a vida de um sobrevivente de um mundo (Europa) que se extinguia. O começo dos seriados do Super-Homem nos mostra os sábios de seu planeta natal preparando-se para o fim. Um casal de cientistas envia seu filho, sua semente, para um outro mundo (América), através de uma nave, para fugir de seu próprio mundo em desintegração. Neste caso era simples, tratava-se de salvar um único espécime. Imaginemos então o grau de dificuldade da tarefa de salvar uma cultura que não é da ordem do indivíduo mas sim fruto de interações coletivas. Como colocar numa nave, num bote salva-vidas, uma cultura e uma civilização?

Diferentemente de um planeta Kripton ou mesmo de uma Atlântida que afunda, a questão não era a de sobrevivência meramente física sem um lugar (sem planeta), mas de uma sobrevivência virtual coletiva. Para permitir uma coesão que não mais seria possível na reunião em um só lugar, criava-se uma necessidade: como estar junto sem estar num mesmo lugar?

Em muitas ocasiões de sua História esta foi uma experiência muito marcante para os filhos de Israel. Afinal, transformaram-se num povo sem lugar e cuja nação só poderia existir virtualmente. Um episódio simbólico do anedotário judaico mostra como perdurou esta relação com um não lugar até há poucas décadas. Conta-se que na Alemanha nazista, um judeu, num período já próximo à proibição total de emigração, procurou uma agência de viagens para comprar passagens de navio e fugir. Na agência lhe perguntaram para onde desejava ir. Respondeu então que não tinha preferência – qualquer lugar servia. O atendente insistiu que ele deveria se decidir, caso contrário como poderia vender-lhe a passagem? O judeu então pediu um globo que estava num balcão e começou a apontar diferentes lugares na esperança de encontrar um porto seguro. Mas a cada país que apontava ouvia explicações similares: "Neste já não aceitam mais a imigração de judeus...; neste a quota de imigração já foi esgotada." Passado algum tempo o homem pateticamente perguntou: "Você não tem um outro globo por aí?"

    Transcender a dimensão de lugar passou a ser a tarefa de sobrevivência dos judeus. É, porém, como comentamos, inusitada a missão de fazer isto coletivamente. Como seria possível estarem em rede se não fosse através da conexão espacial?

Um lugar feito de texto

Toda crise exige alguma forma de desprendimento do passado e, ao mesmo tempo, uma síntese do passado. A elite intelectual dos rabinos percebia isto e, tal qual os contemporâneos *brainstormings* de multinacionais que visam reagir com criatividade à dinâmica do mercado, projetava possíveis cenários para seu futuro.

O primeiro passo em termos de desprendimento do passado aconteceu no episódio com o Rabino Iochanan ben Zakkai. Foi durante o cerco que levaria à destruição parcial da cidade de Jerusalém e total do Segundo Templo no ano 70 da Era Comum. Por uma intrincada sucessão de eventos que não vamos aqui relatar por fugir de nosso assunto, Ben Zakkai consegue estar diante do general romano responsável pelo cerco de Jerusalém. Ele consegue antecipar que este se tornaria Imperador Romano, cai nas suas graças, e recebe o direito de fazer um pedido. Ben Zakkai está diante da cidade sitiada, centro físico e ponto focal da cultura da qual ele é líder, e ele não pede por Jerusalém. Seu pedido, para a indignação da História, é por uma pequena localidade, Yavne, onde seria permitido criar-se uma academia rabínica. Ben Zakkai trocava um local por excelência por uma localidade simbólica. Nesta localidade com importância temporária, Ben Zakkai tornou possível a criação do que seria o *think-tank* – o centro criativo – de uma nação virtual. Lá se iniciaria a criação de um lugar que não fosse no espaço. Mas que lugar é esse?

Em Yavne se criava um governo com mais de mil e oitocentos anos de mandato. Um executivo, legislativo e judiciário que tinham a legitimidade de sua autoridade imposta não a um território nacional, mas a um texto nacional. A síntese do passado ocorreria em Yavne com a compilação de um território de bolso – a Mishná que, posteriormente, com a Guemará comporiam o Talmude. Para o poeta-filósofo Derrida: "A casa do judeu e do poeta é o texto... o ilegal longe da 'mãe-terra dos judeus' que é 'um texto sagrado cercado de comentários'." Tal como o poeta que abre janelas e permite portais, uma nação transportava seu território para a mídia de bolso de então – o livro.

Na verdade, os sábios que compuseram o Talmude se valeram da experiência milenar com o texto bíblico que lhes permitiu o insight e a confiança de que o texto poderia conter suas fronteiras. O texto é tão capaz de delimitar fronteiras quanto um exército do executivo, tão definitivo no estabelecimento de um consenso legislativo quanto uma assembleia nacional e possibilita o arbítrio com a mesma eficácia que os tribunais. Viver dentro das fronteiras do texto, organizado e administrado por ele, era viver num lugar que poderia ser qualquer lugar. Representava manter coesa, através do acesso deste texto, toda uma nação por mais disseminada que fosse pelos quatro cantos do mundo. E se você quiser ser parte do povo de Israel basta pegar sua mídia – o Talmude – e conectar-se com seu texto provedor em um lugar que não é aquele onde você está.

Limitados pela velocidade da troca de informação, os rabinos das gerações subsequentes iam atualizando o Talmude como podiam, com novos comentários, novos sites e *home pages*. Eles chegavam ao servidor, os editores das páginas do Talmude, por meio de cartas ou manuscritos que mostravam o resultado do pensamento das comunidades da França, da África do Norte ou da Itália. Sem ir à Itália, ou à França, um membro da nação hebraica tinha acesso a um lugar de encontro que não era um lugar físico, mas o interior de um texto. Criava-se um lugar feito de texto.

Ben Zakkai é o primeiro a internalizar a ideia da palavra contida no cânone bíblico como uma dimensão virtual. A palavra é uma janela e, por incrível que pareça, pode ser um portal. A Bíblia trazia em si a semente de que D'us não está em lugar algum. Não está na estátua pagã e não está no lugar de um Templo. Sua casa é num lugar que é aqui e em todo lugar, mas que não é este lugar aqui nem todo lugar como os percebemos.

Ben Zakkai abre mão, há quase dois mil anos, do lugar – Jerusalém – pelo não lugar – Yavne. O lugar – Jerusalém – passou estes dois mil anos como um não lugar, abandonada e desolada. O paradigma do lugar, porém, permaneceu e Jerusalém emerge hoje como o símbolo do lugar, *o* lugar. Talvez a grande transcendência deste paradigma do lugar como lugar físico para o paradigma de um lugar que permite janelas e pode servir de portal seja o papel simbólico que terá no futuro este lugar – Jerusalém – na História do Ocidente.

É verdade que o sonho destes quase dois mil anos foi retornar ao lugar – Jerusalém. O apego ao chão, ao espaço meramente físico, um dia será lembrado como um comportamento popular das massas, semelhante à recaída dos hebreus ao saírem do Egito no episódio do culto ao bezerro de ouro. Vale a pena notar que as reações quanto ao retorno ao lugar, a Jerusalém, foram e são marcadas por muita angústia e dúvida. Não foram poucos os que se levantaram para dizer que a Jerusalém ansiada não era mais a Jerusalém terrestre, mas a Jerusalém celeste. Esta Jerusalém virtual não podia mais ser confundida com o lugar onde D'us está. Jerusalém celeste seria o lugar que não é um lugar, que é um portal, tal qual a visão antiga de que Jerusalém é o umbigo do mundo – a conexão entre terra e céus. Lembremo-nos da catarse de Jacó – este lugar é a porta aos céus. Aos céus que é o lugar físico onde os antigos projetavam sua compreensão do metafísico.

De qualquer maneira, a sobrevivência dos judeus por este longo período se deu em grande parte pela possibilidade de fazer do lugar um poema e estabelecer um vínculo que, no cotidiano, não acontecia no lugar onde estavam. Acontecia, acima de tudo, nos textos.

Um lugar feito de tempo

Os sábios de Yavne buscaram na síntese do passado as indicações para proceder com o futuro de maneira sintonizada com as transformações que este trazia. Se o texto era um elemento tão próprio a esta cultura que podia assumir a categoria de ser um lugar substituindo o lugar, haveria algum outro elemento tão intrínseco a esta tradição que pudesse funcionar da mesma forma?

Ao voltarem-se para sua cultura, os sábios encontraram mais uma possibilidade – o tempo. Sua cultura baseada num tempo cíclico pressupunha uma cronologia que vai do primeiro ao sétimo dia e retorna então ao primeiro. Não existe oitavo dia. Depois do sábado, sétimo dia, retorna-se ao domingo, que é o primeiro dia. Sábado é o dia em que D'us descansa na teologia e mitologia de Israel. Descansa onde? Que lugar é este onde D'us descansa? Descansa no tempo.

Os sábios começaram então a investir ainda mais nesta noção. Afinal, o povo de Israel não teria mais uma Jerusalém para se encontrar, nem mais um Templo para se congregar. Passariam a congregar-se no tempo. E assim, o sábado foi transformado num local de encontro. Neste canto do mundo ou naquele, quem estivesse no sábado estaria no território dos judeus. Este é o conceito que levou o filósofo contemporâneo Abraham I. Heschel a denominar o sábado, o shabat, de uma catedral no tempo.

Uma catedral no tempo é o local de oração e de estudo dos judeus da diáspora muito mais do que havia sido na Israel antiga. Na Israel bíblica o sábado aparece mais em sua conceituação social e ética. Dar descanso é respeitar o biorritmo do mundo, e é a coisa certa a se fazer tanto na dimensão da solidariedade humana como da percepção de uma relação harmônica com o meio ambiente. Para os rabinos, após Yavne, o sábado é mais do que isto. O sábado é o dia de estar em rede. É um instrumento de congregação virtual.

O sábado representava a descoberta antiga de que o coração da existência é o tempo e que o ser humano usa este tempo para conquistar espaço. O lugar é o símbolo maior da posse que é obtida através da queima de tempo. A noção bíblica de descanso revelava o custo, que hoje tão bem conhecemos através do desequilíbrio ecológico, causado por nossa permanência na atividade incessante da conquista de lugar. A descoberta dos rabinos em Yavne é de que, além disto, o próprio refúgio no sábado, tornando-o um lugar virtual, seria terapêutico na descoberta de outro tipo de conquista de espaço.

A relação humana com um território sempre foi uma fonte animal de desavenças e agressividade. O tempo não conhece o limite de saturação na sua divisão. Enquanto no espaço há sempre limite para compartilhá-lo, o tempo permite que tantos quanto queiram sejam contemporâneos sem qualquer forma de divisão ou subtração. O espaço que se mistura ao conceito de tempo traz esperanças de no futuro o reino animal conviver em conceitos de "soma-zero", de abundância onde hoje se percebe carência.

Por outro lado, o refugio no tempo permitia experimentá-lo como um território e, portanto, nos apresenta uma dimensão mais real de sua finitude e a necessidade de ser administrado com cuidado e sensibilidade. Os limites de tempo de um indivíduo são mais facilmente percebidos do que seus limites de espaço. O espaço, o território, só foi conhecido como sendo limitado há pouco mais de quinhentos anos, com a descoberta das verdadeiras grandezas deste planeta e, mais recentemente, com a poluição e a ecologia como medidas de saturação deste.

O tempo podia ser um lugar virtual e o verbo estar passaria a definir uma contemporaneidade. Quem está no tempo, não importa quão longe, é acessível. Criar uma catedral no tempo significava abrir um teto, uma conexão sobre qualquer um, onde quer que estivesse, uma rede interligada, que permitia estar sem necessariamente ser no mesmo lugar.

A primeira *net* (rede)

Em realidade, a noção de que existe uma grande rede à espera de que possamos acessá-la é bastante mais antiga. A própria noção das preces ao Criador é uma compreensão primitiva de que algum portal, algum servidor, representado por uma tradição religiosa, pudesse nos conectar diretamente com a rede. Uma vez em contato com a rede, poderíamos navegar individualmente. Toda esta concepção derivava unicamente da compreensão de que tudo está interligado. Para isto, a ideia do monoteísmo foi fundamental. A unicidade de D'us não permite qualquer compreensão de algo como sendo externo, mas, ao contrário, de que tudo é o avesso de tudo. Na *Ética dos ancestrais*[*] (3:20) vemos a palavra rede mencionada justamente com esta intenção:
"Rabi Akiba costumava dizer: 'Tudo nos é ofertado, mas não de forma incondicional. E a **rede** está aberta sobre tudo o que é vivo. A loja está aberta, o guardião da loja oferece tudo a crédito, o livro de contabilidade está aberto, e a mão nele anota, e todo aquele que quiser fazer uso que venha e faça; e os coletores fazem seus turnos continuamente, e recebem os pagamentos seja voluntariamente ou não pois possuem promissórias.

---

[*] Livro que é parte da Mishná, séc. II.

E o equilíbrio é um equilíbrio absoluto e tudo isto torna possível o banquete.'"
Todo lugar é um site, um ponto que existe numa conexão, numa rede. Neste grande supermercado do universo, onde trocamos a possibilidade de nossa própria existência, o banquete só é possível por esta interação absoluta de tudo com tudo. Nossas descobertas na área da ecologia são muito interessantes neste sentido. Quando foi que descobrimos a existência de um equilíbrio do qual dependemos? Quando conseguimos estabelecer a conexão entre os lugares. Um lixo jogado aqui, ou uma fumaça produzida aqui, não é um problema se nós moramos lá. Uma floresta extinta aqui, ou uma espécie que desaparece aqui, não poderá ter o menor efeito lá. Um grande engano. Tudo é um site desta grande rede. Os pandas a menos afetam toda a rede da vida sobre a Terra. Os pandas não são lá, porque os pandas são uma conexão, um portal para cá. É verdade que pode demorar muito para percebermos isto, mas é real. Tão real que a partir de uma dada proporção, a influência destes sites subtraídos começa a afetar nossas vidas de forma exponencial. Esta descoberta do ecossistema só foi possível porque pudemos medir a interconexão de um lugar com outros lugares por estarem em rede. E isto no âmbito do conhecimento atual, não o que haverá para além dos mapas de nosso pla*net*a? Há lugares em profusão neste universo e não é só lá fora. Aqui dentro de nós existem lugares, microscópicos, mas que são lugares. O dia que descobrirmos todas as dimensões de um lugar, veremos que o que hoje buscamos através da ecologia e da cura de nosso pla*net*a – a rede que percebemos nos sustentando – transcende em muito a perspectiva da rede entendida desde um único site.

Era isto que os profetas diziam com suas admoestações que se faziam compreensíveis a nós na esfera da ética: "Vocês estão desequilibrando redes!" É isto também que se quer dizer com o alerta arcaico descrito na *Ética dos ancestrais* (2:1): "Saiba o que há para além! Um Olho que vê; um Ouvido que escuta; e tudo é registrado." Nossas tradições religiosas dizem isto muitas vezes de forma banalizada, mas a origem desta percepção, renovada a cada geração que experimenta a existência, é de que há um "para além" daqui. Este lugar aqui tem um Olho e Ouvido, é um portal para a Rede. É este Olho/Ouvido que faz Jacó reconhecer: "Eis que havia D'us aqui e eu não sabia." D'us aqui mas não aqui, é a Rede.

Para a tradição judaica o acesso a D'us – à Rede Absoluta – se dá de três maneiras: pelo insight, pela prece e pelas atitudes apropriadas. A primeira e a última são funcionamentos dentro da rede. Insight, tal como o de Jacó, permite a ele descobrir dimensões da rede. Atitudes apropriadas (*tsedaka*) representam a possibilidade de funcionar dentro dos parâmetros da rede de forma intuitiva. Saber ser justo, compreendendo dimensões não apenas das obrigações e leis humanas, mas deste Olho/Ouvido da Rede, é funcionar dentro dela. A prece, no entanto, é um objeto interessante de estudo.

Como comentamos, o Baal Shem Tov perceberá que as palavras, em particular as de uma oração, podem ser janelas (*windows*). D'us manda Noé construir janelas para suas palavras. Mas estas janelas permitem algum contato com o mundo que descortinam? É possível passar ou enviar algo por uma janela?

Literalmente o texto bíblico relata: "[pela janela] ele enviou uma pomba". Noé manda uma pomba para ver se há lugar onde aportar neste grande dilúvio-não-lugar. O fato de a pomba chegar em algum lugar transforma o que num dado momento era uma mera janela num portal. Simbolicamente dizem os rabinos: "As rezas, elas próprias não têm asas. Elas devem ser carregadas para os céus (não lugar). E como voam? Nas asas de uma pomba, como está escrito: 'e pela janela enviou uma pomba'. Cada geração precisa de sua própria pomba para carregar suas orações até o anjo Sandalfon – o anjo que tece (na rede) estas orações em rendas e trançados que o Eterno, Abençoado Seja, usa em seu Trono." Estas palavras confeccionadas nos *Windows*, nas janelas da experiência da oração, são colocadas nas asas de pombas que se encarregam de levá-las ao Provedor Maior, ao *Universal Wide Web* (UWW – Teia de Proporções Universais), onde a rede é tricotada e colocada em *link* (conexão) universalmente.

Estamos obviamente fazendo uma leitura figurativa utilizando a linguagem de nossos tempos. Mas não seria esta leitura produto de nossa imaginação? Estaríamos acaso tratando de algo real? O que afinal queriam dizer os antigos com todas estas metáforas e símbolos codificados em linguagem?

Para responder a estas perguntas talvez devamos mergulhar ainda mais nas metáforas. Falemos sobre a pomba. Como ela é experimentada na prática antiga?

Para a tradição judaica existe uma maneira específica de se enviar as orações confeccionadas por cada indivíduo em seu *Windows*, em suas janelas abertas à liturgia. Que maneira é esta? O *minian* – o *quorum* mínimo para orações. Não é incomum ver na porta de uma sinagoga pessoas tentando encontrar outros participantes para compor um *minian*, o *quorum* mínimo necessário para que aquilo que é confeccionado como uma "nova mensagem" seja então enviado aos céus. Vamos nos fazer mais claros. Para a tradição judaica uma oração só tem força para se elevar ao Trono se for composto um *quorum* de no mínimo dez pessoas. Com menos de dez pessoas se pode orar, mas este orar é uma abertura de janelas, não é um portal. O portal ocorre quando um mínimo de dez indivíduos estão em rede. Estas dez pessoas possibilitam a criação na dimensão coletiva, e não apenas individual, de um acesso a um não lugar.

É importante ressaltar que nossa mente e nossa imaginação não são portais, são apenas janelas. Podemos estar em qualquer lugar, ou pularmos o caminho, em nossa imaginação. Mas sua dimensão não interativa com um outro lugar, ou simplesmente um outro, a faz um instrumento janela. A oração individual é uma janela e pode ter um valor bastante importante para um indivíduo harmonizar seu pensamento, seu sentimento e sua ação no mundo com aquilo que vê pela janela. Mas ele não está lá. Afinal, "as preces não têm asas". Para estar lá, para ser transportada, ela precisa de uma pomba – de um portal onde coletivamente se está em um não lugar. Isto é bastante complexo. A rede não é uma rede até que esteja na dimensão do coletivo. A própria inter*net*, por exemplo, se torna um não lugar na medida em que muitos lá estão interagindo. Sem interação ela é um não lugar sim, mas ninguém pode nele estar.

Só é possível estar em um não lugar quando muita gente está nele. O coletivo configura redes e coisas muito incríveis podem acontecer a partir delas.

O *minian* é, na verdade, um porto da *net* (rede) como concebida em tempos primitivos. Ali os indivíduos podem ter suas preces alçadas aos céus, ao não lugar, por asas que as transportam. O *minian* é um servidor e todo aquele que dele participa passa a poder enviar e receber *mail* (correio).

Repito estar usando esta linguagem não como uma forma doutrinária para dizer que o judaísmo, ou mesmo a tradição religiosa, conhecia o que o presente e o futuro nos estão revelando através de seus aplicativos. Mas quero dizer, com total crença, que intuitiva e existencialmente a relação com um lugar como podendo ser o lugar, ou um não lugar, é muito antiga. Tão antiga quanto a consciência humana. O que era um lampião? Uma lâmpada. Verdade que as pessoas no tempo do lampião não conheciam a eletricidade, mas sua luz de fogo é semelhante à fricção de elétrons na resistência de uma lâmpada. Não conheciam a eletricidade mas queriam vencer a escuridão utilizando-se da luz, e o conhecimento desta era tão primevo quanto a consciência do sol.

O *minian é* uma *net*. Não o é simplesmente porque aqueles que conhecem a experiência de estar em oração sem o *quorum* necessário identificam uma diferença quando este se completa, mas porque intuitivamente ele foi para isto concebido. O *minian* também foi uma invenção dos rabinos que buscaram um judaísmo virtual. Na ausência de um Templo com suas sofisticações rituais que visavam primitivamente ascender à dimensão de D'us, constituía-se agora um porto para palavras, um lugar de partidas e chegadas que não era nenhum lugar físico. Não era sequer a sinagoga. Em qualquer lugar onde dez ou mais pessoas se coloquem na condição de querer acessar, a conexão se faz possível. Quem não compreende esta possibilidade provavelmente acha que todo este processo de orações é uma perda de tempo e uma forma grave de falta de sofisticação. Com certeza se enganam.

Afinal, também grita a mãe para seu filho na inter*net*: "Sai daí menino... fica aí nesse quarto sem sair para lugar algum!" Descartando as patologias da não sociabilização, que são, por si só, uma outra questão, este menino não estava apenas no seu quarto. Ele foi longe. Navegou por lugares que sua mãe talvez jamais conheça fisicamente. Ou que ele mesmo jamais conheça fisicamente. Esta será, com certeza, uma das mais difíceis adaptações para os seres humanos do futuro, qual seja: que se possa estar independentemente de se estar fisicamente.

Kit primitivo de adesão ao provedor

Sem querer enfastiar-nos com metáforas, há um detalhe neste poema de tentativas virtuais dos rabinos que acho extremamente interessante. Há um objeto ritual na tradição judaica que é, no mínimo, bastante curioso. Nas tradições religiosas são muitos os objetos que auxiliam na concentração para as orações. Existem vestimentas e mantos, ou objetos feitos de materiais da natureza como chifres de animais, apitos feitos de ossos de pássaros e uma infinidade de outros. Estes objetos a que me refiro são os tefilin. Seu nome bem o define: é de raiz idêntica ao verbo "rezar". Talvez pudéssemos traduzi-lo como "rezador", um kit para rezar.

O mais estranho dos tefilin é que não são objetos da natureza, nem mesmo objetos de indumentária que nos façam parecer indivíduos distinguidos como reis, sacerdotes ou sábios. Os tefilin são uma engenhoca. Num formato bastante sofisticado, os tefilin são constituídos de caixas de madeira presas a tiras de couro (vide figura, página 55). Uma caixa é amarrada no braço esquerdo, junto ao coração, e uma segunda à cabeça, deixando a caixa presa ao topo da fronte entre os olhos. A tefilá colocada no braço é enrolada sete vezes no antebraço e também nos dedos de tal maneira a formar as letras hebraicas *shin, dalet* e *iud*. Estas letras são iniciais da frase: "Guardião das Portas de Israel" (*shomer d'latot israel*). Não poderia ser de outra forma: D'us é a senha, o Guardião, para o acesso em todos os portais.

Dentro destas caixas, porém, vem o que há de mais impressionante: textos. Feito disquetes ou pen drives elaborados na idade da pedra, as caixas dos tefilin têm um pequeno *software* (programa) que deve ser rodado todas as manhãs na vida de um judeu. Novamente, isto tudo não passaria de uma leitura caricata, não fosse o conteúdo deste *software*.

Os judeus devem colocar os tefilin como um sinal, uma lembrança de seus compromissos com a vida. Se você vai iniciar seu dia, deve lembrar-se quem você é e no que você acredita. Todos nós somos levados no cotidiano a agir de maneira impulsiva e impensada, muitas vezes desconectada de nossos verdadeiros interesses e desejos. Os tefilin tentam harmonizar tanto os sentimentos (caixa junto ao coração) como os pensamentos (caixa junto ao cérebro), dando-lhes prumo.

Mas qual o conteúdo deste *software*? Quais os textos inseridos nestes pen drives?

Neles encontramos a frase fundamental da liturgia judaica (Deuteronômio 6:4): "Ouça/Conecte-se Israel, D'us é o Absoluto, D'us é UM." Esta primeira menção estabelece o corolário fundamental de uma rede: tudo é UM. O conceito de interconectividade e hiper-realidade é assim afirmado. De especial importância também é o trecho bíblico que segue de Deuteronômio (11:13-21). Iniciado com o mesmo verbo ouvir/conectar-se, este parágrafo tem um tom de alerta. "Se te comportares apropriadamente, a chuva então cairá no seu tempo apropriado, tanto as chuvas antecipadas como as tardias, de tal forma que possas colher o teu grão, teu vinho e teu óleo e será provido também ao teu gado e comerás e te fartarás. Caso não cumpras com este comportamento, não choverá na proporção certa, e o campo não oferecerá de seu produto e o gado não terá do que se alimentar e tu também passarás privações."

Entender este texto como uma ameaça divina é não compreendê-lo. O texto não alerta para uma penalidade, mas para as consequências de uma conduta. Antes da consciência ecológica, era impossível entender que uma corrupção aqui ou um desrespeito ali podiam fazer a chuva cair no tempo errado e o campo não produzir no seu tempo próprio. É claro que não há relação nenhuma entre a chuva e os nossos atos, pensa o pragmático. Mas a verdade é que todo o nosso problema de poluição e destruição do meio ambiente é decorrente dos pequenos desvios, roubos, malícias e ganâncias de nossa História. E o que era impossível aos antigos conhecer está escrito em Deuteronômio. Como podiam saber disto?

COMO TEFILIN É COLOCADO NO BRAÇO

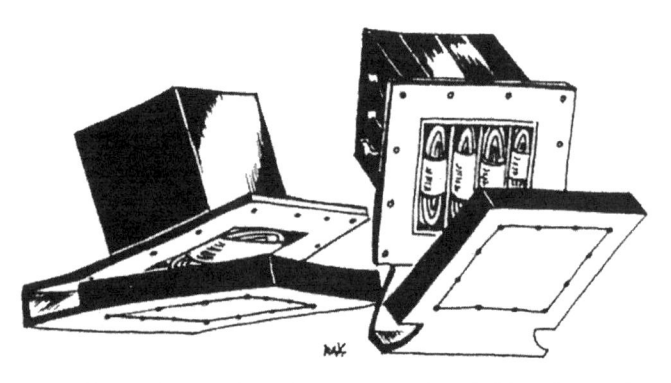

CAIXAS DOS TEFILIN, TANTO DA CABEÇA QUANTO DO BRAÇO,
E COMO SÃO NELAS ENCAIXADOS OS PERGAMINHOS

Sabiam porque conheciam o princípio do lugar que é um não lugar. Não sabiam sequer que a Terra era redonda ou mesmo finita, mas sabiam que há conexões entre tudo e que as redes, mesmo não sendo visíveis ou perceptíveis, estão acontecendo em diversas dimensões.

Os tefilin são objetos impressionantes por se assemelharem em formato aos disquetes e por funcionarem como se as pessoas "rodassem" o programa neles instalado. E aqueles que fazem uso dos tefilin podem atestar que sua aplicação é exatamente esta. É como se as pessoas passassem este texto para o seu inconsciente todas as manhãs como a primeira ação do dia. Sua intenção maior é fazer uma conexão com a rede que possa perdurar todo o dia em suas interações com o mundo.

Seu material, o couro, enrolado como uma bobina, é pouco condutor no sentido de transmissão de eletricidade. Talvez figurativamente possamos dizer que a ideia desta engenhoca não é conduzir, ou mesmo levar nada a lugar algum. É aquele lugar, o lugar no qual se está, que precisa ser ativado em todos os seus portais.

Os tefilin e o *minian* são recursos da tradição litúrgica que compreendem o ato de orar como a busca de um portal, de um acesso a uma rede maior que se estende para além da nossa capacidade de percepção de um dado lugar. Funcionam, respectivamente, como um kit de discagem e conexão e um servidor para entrarem em rede.

Segundo o Tratado de Berachot do Talmude, D'us mesmo coloca seus tefilin diariamente, talvez numa alusão a este acesso universal de tudo para com tudo que em si caracteriza uma rede.

O NOVO PARADIGMA DE LUGAR

Jerusalém celeste

Jerusalém é o coração do paradigma de lugar. Não há no Ocidente outro lugar que por tanto tempo permaneceu como símbolo do poder através do lugar. Não se trata de um local de riquezas, pois nunca ninguém o conquistou para ter acesso a qualquer tesouro, nem sequer um lugar de força tal como Roma ou Alexandria o foram. Jerusalém era o local onde os eventos fundadores das maiores religiões do Ocidente ocorreram. Na verdade, estas três religiões, Judaísmo, Cristianismo e Islamismo, foram fundadas tendo como ponto de partida a cultura e a tradição do povo de Israel, e estes haviam eleito Jerusalém como o lugar por excelência. Apesar de Roma ter se tornado o centro do Cristianismo e Meca, o centro do Islamismo, estes dois lugares reproduziam simbolicamente o significado de Jerusalém como O Lugar. Esta cidade não tinha sido apenas escolhida para ser capital, centro econômico, executivo e espiritual, mas sua própria mitologia a colocava como sendo o centro do mundo. Mapas antigos foram feitos como se o mundo convergisse para este centro. Os hebreus iniciaram o costume de voltar suas orações para este local, tornando-o um ponto focal cósmico. O mundo islâmico também passou a fazer isto com relação a Meca, mas seu sentido original é oriundo da noção-Jerusalém.

A própria disputa que caracterizou a história da cidade e que chega de forma tão viva aos nossos dias é representativa deste paradigma. Há um lugar, o lugar, e quem o possuir está no lugar. Em minha última visita ao lugar, a Jerusalém, deparei-me com uma cena interessante. Tratava-se de um dia de celebração para o Islã e a área das mesquitas, antigo local onde os Templos de Jerusalém foram erigidos, estava repleta de um quarto de milhão de muçulmanos. Num dado momento, desde o bairro judeu da cidade velha, deparei-me com a seguinte cena: os judeus do lado externo rezavam para o Muro das Lamentações, enquanto os muçulmanos eram visíveis no topo da colina em suas orações e, ao fundo, as igrejas se sobressaíam com suas torres e com o som de seus sinos. Tive então um estranho insight. Do que é visto desde às alturas, desde a perspectiva deste D'us para quem oram, não há diferença nenhuma entre os tempos messiânicos de harmonia absoluta e estes tempos que vivemos de confronto e conflito entre estas tradições religiosas. O sonho, a utopia que perpassa estas três civilizações não se encontra meramente no futuro, mas aqui mesmo, neste lugar... em outro lugar. Eu estava diante daquilo que os profetas falavam: aqui há outra forma de enxergar a realidade. Há uma utopia que é tão virtual quanto aquilo que comumente elevamos à categoria de realidade. Este enxergar é toda a distância que existe entre o possível e o impossível deste lugar. As portas existem e basta que elas se abram para vários indivíduos e estes começarão a estar num outro lugar, que é este não lugar deste lugar. Esse movimento ainda nos é incompreendido.

 No entanto, a semente da compreensão deste não lugar existe desde tempos muito antigos. Para a tradição judaica existiam duas distintas Jerusalém. Uma era a Jerusalém *shel-mata*, de baixo; outra a Jerusalém *shel-mala*, de cima. A cidade celeste era uma imagem invertida da cidade terrestre. A construção absoluta e definitiva desta cidade se daria quando a Jerusalém terrestre se fundisse com a Jerusalém celeste. A fusão deste lugar com este não lugar produziria o efeito descrito pelo profeta Isaías (2:3): "Desde Tsion sairá a Torá e a palavra de D'us de Jerusalém." A noção de mobilidade, "sairá", é impressionante para um paradigma de lugar. Por que não dizer que a Torá e a palavra estarão em Jerusalém? Porque em sua concepção menos superficial o lugar-Jerusalém é uma porta por onde esta Torá e esta palavra se farão ouvidas e serão percebidas. Essa não é mais uma Jerusalém que se tem que ir até ela, mas uma Jerusalém que vem até nós. Uma Jerusalém que não é lá, mas aqui, qualquer aqui.

Um item de grande importância neste lugar-Jerusalém era, sem dúvida, o Templo, o centro do centro. Na verdade, o lugar por excelência era o centro do centro do centro. Jerusalém tinha seu centro no Templo e o Templo seu centro no *kodesh hakodashim*, o Sanctum Sanctorum. Este lugar absoluto era uma sala-receptáculo onde se guardavam as Tábuas da Lei, ou a Torá original. O Grande Templo tinha no seu centro uma caixa similar à dos tefilin, o monumento maior ao acesso à Grande Rede. O Templo era a central simbólica de conexão deste mundo de baixo com o universo absoluto. E, como não podia deixar de ser, os hebreus se curvavam unicamente diante deste símbolo – um cubo que continha o mais importante *software* de que dispunham os humanos. Este *software*, este programa de acesso, era a Torá. Ou seja, o símbolo arquitetônico principal deste Templo era o mega pen drive, os tefilin coletivos de acesso ao não lugar absoluto onde D'us habita, de onde Ele é, foi e será.

Neste centro absoluto do mundo para os hebreus havia um cordão umbilical, um portal entre a Jerusalém terrestre e a Jerusalém celeste (entre a Jerusalém-lugar e a Jerusalém-qualquer lugar). Uma vez por ano, no Iom Kipur, este não lugar, conhecido como o Sagrado dos Sagrados, era visitado pelo Grão-Sacerdote. Este era o momento simbólico por excelência da arcaica percepção de que este universo é uma rede conectada não pelo espaço e não pelo tempo, mas por portais de acesso. Precisamos compreender melhor o Iom Kipur.

Culto aos portais e à senha mestra

O que é o Iom Kipur? É um dia distinto de outras festividades porque não é uma celebração na História. Não há qualquer relação com o passado dos hebreus ou mesmo com a natureza no dia do Iom Kipur. Todas as outras festividades estão atreladas ao calendário agrícola ou a eventos históricos que são memoriais incrustados no tempo. O Iom Kipur é um dia do indivíduo e não é temporal. Sua concepção é marcada pelo culto ao portal. Toda a simbologia deste dia está marcada pela ideia de que o portão irá se abrir por um breve intervalo e que temos que conseguir nos conectar durante este período, ou seja, sermos capazes de fazer uso da conexão que será propiciada. O final do Iom Kipur, o serviço religioso mais fervoroso do calendário litúrgico judaico, é a *Neilá*, o "Cerrar dos Portais". Você não quer que estes portais se fechem sem ter sido capaz de fazer acesso através deles.

Os portais da "justiça", da "saúde", do "sustento", da "compaixão", da "sabedoria" ou da "paz" são apenas alguns dos quais a que se pode ter acesso na conexão do Iom Kipur. Aquilo que é descontínuo com este momento e este lugar, a saúde que não se pode restabelecer, por exemplo, ou a sabedoria que está tão distante, tudo é acessível pulando-se o caminho, quando estes portais estão abertos. Não vou mergulhar em teologias para explicar como é possível saltar sobre aquilo que é, na realidade, até mesmo em sua mais sofisticada percepção desta realidade, impossível. Até porque eu mesmo, nas prédicas de minha prática rabínica, acentuo constantemente que os processos de crescimento de um indivíduo não possuem atalhos. Temos que percorrer o caminho porque *"caminante al caminar se hace el camino"*. Como seria então possível saltá-lo, sem evocar aqui a escuridão da ignorância ou uma ingenuidade alienante? É porque aqui não estamos falando de atalhos, mas de estar aqui, estando lá. Isto é diferente. Mais adiante vamos nos ater sobre esta questão das descontinuidades. O que é importante, neste ponto, é não confundirmos sensibilidade apurada com manipulações do ego e da vontade. Os portões não são atalhos, são como sua própria definição explicita: ao passar-se por eles o aqui passa a ser lá.

Em tempos antigos, este dia de Kipur era precedido por um complexo processo de purificação do Sumo Sacerdote (hoje reproduzido em dez dias de concentração). Este processo de banhos, meditações e instruções dos demais anciãos era feito para permitir ao Sumo Sacerdote enfrentar o momento culminante do Iom Kipur – a entrada deste no Sanctum Sanctorum. Amarrado por uma corda para que pudesse ser trazido de volta em caso de algum acidente ou incidente, o Sumo Sacerdote era o único que tinha acesso a este lugar, e apenas uma única vez por ano. Ele estava entrando no lugar-não-lugar e tinha que ser amarrado pois o que era daqui podia terminar lá e ninguém daqui poderia ir lá buscar o que é daqui. Mas o que será que ele fazia no aqui que é lá? O Sumo Sacerdote trazia a inspiração da senha maior de acesso a esta Rede Absoluta. Tratava-se do Nome de Deus, da senha do Tetragrama, **** (YHWH), que ninguém sabia decodificar a não ser o Sumo Sacerdote, naquele dia, naquele lugar-não-lugar. Segundo a tradição dos hebreus, o Sumo Sacerdote saía então deste lugar-não-lugar consciente desta senha e a reproduzia para o povo. Este ouvia e imediatamente esquecia deste Nome de D'us. Afinal o que é uma senha, senão algo oculto e revelado ao mesmo tempo?

O culto do Iom Kipur, diante do monumento a um Kit de Acesso, de um programa Absoluto que é a Torá, era a transmissão de uma senha que traduzia a simbologia maior: o universo todo é UM, ele está aqui e este lugar é o lugar onde a terra e os céus se beijam. Este lugar é o portal. Louvada seja a grandeza de tudo – e caía o povo ao chão em reverência ao dar-se conta de tamanha revelação.

FOTO DA MAQUETE DO
SEGUNDO TEMPLO

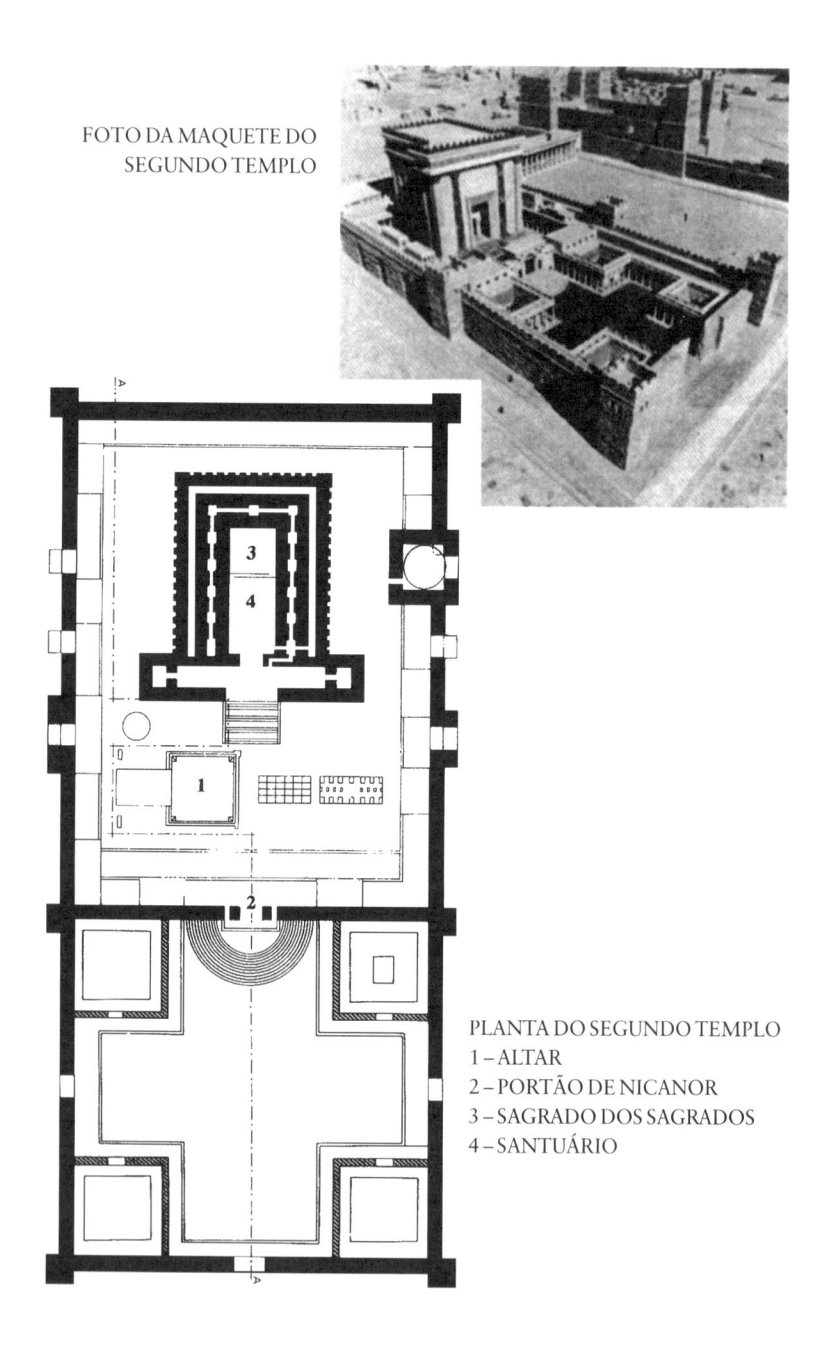

PLANTA DO SEGUNDO TEMPLO
1 – ALTAR
2 – PORTÃO DE NICANOR
3 – SAGRADO DOS SAGRADOS
4 – SANTUÁRIO

Exílio e o conceito de virtualidade absoluta

Mencionamos anteriormente o esforço que os rabinos empreenderam para prepararem-se para o período do exílio. Seu desejo maior era criar formas virtuais de manter existente a crença e o culto de Israel. Independentemente de seus esforços, tal como o Talmude ou a práxis judaica que passou a se centralizar no tempo e não no espaço, o próprio exílio contribuiu para a introjeção do conceito de não lugar para os judeus. Seus dezoito séculos errantes foram fortes o suficiente para implantar uma grande independência do lugar. Diferentemente dos nômades que nunca internalizaram o paradigma do lugar, os descendentes de Israel traziam esta dualidade de preservar o sonho de retorno ao lugar a partir de uma experiência profunda de não lugar. E tornaram-se mestres no não lugar.

Esta maestria era muitas vezes vista com desconfiança, às vezes desvirtuada em ódio, por um mundo que ainda engatinhava no conceito nacional. Um mundo tentando se consolidar em fidelidades nacionais convivia com estes que funcionavam internacionalmente. Seja no comércio no qual se sobressaíram ou mesmo nas atividades financeiras, os judeus viviam numa dimensão internacional e isto era compreendido como muito perigoso. Um mundo que não conhecia a globalização e que se protegia em fronteiras passou a projetar sobre o judeu errante o perigo, o câncer maior que ameaçava o conceito de nacional. Estes, no entanto, eram fundamentais aos poderes vigentes pois a economia já existia palidamente na esfera internacional. Tão assustador era esta precocidade do povo judeu que várias vezes ele foi identificado, apesar de ser quantitativamente e em termos de poder real bastante insignificante, como uma ameaça cujo objetivo final era conquistar o mundo.

Roma, Bizâncio, Espanha/Portugal, Inglaterra e França ou mesmo a Alemanha contemporânea buscaram a conquista do mundo através do colonialismo – a concretização do poder no paradigma do lugar. Quanto mais lugares, mais ricos e poderosos. Os judeus corriam por fora. Seu colonialismo não era de lugar, mas de não lugar. Eram vistos como controladores das redes e se colocavam na atividade comercial dos acessos na rede econômica do pla*net*a. Por isto que, independentemente de outros fatores históricos e religiosos, evocavam tanto receio e agressividade.

O que é relevante em nossa reflexão, no entanto, é o fato de os judeus terem mergulhado profundamente nesta dimensão do não lugar. Este efeito na economia nada mais era do que um aspecto colateral de sua própria perspectiva da vida. Os judeus haviam se acostumado, de forma significativa, com a virtualidade. Conceitualmente podiam elaborar parâmetros que não fossem concretos, mas virtuais em sua essência. Tão introjetada foi esta experiência de virtualização da nação de Israel que a teologia arcaica do Templo de culto a portais passou a ser compreendida por um novo paradigma de lugar. Saul An-Ski, teatrólogo russo do século passado, explicita muito bem este sentimento de virtualização num contexto de lugares e centros. Diz ele em *O Dibbuk*.

"O mundo de D'us é sagrado, e entre as terras sagradas deste mundo a mais sagrada é a terra de Israel. Na terra de Israel, a cidade mais sagrada é Jerusalém. Em Jerusalém, o lugar mais sagrado era o Templo, e no Templo o lugar mais sagrado era o Sagrado dos Sagrados.

"Há setenta povos neste mundo. Entre estes povos está o povo de Israel. A mais sagrada das tribos de Israel é a tribo de Levi. Dentre as pessoas desta tribo, as mais sagradas são os sacerdotes. Entre os sacerdotes, o mais sagrado era o Sumo Sacerdote.

"Há 345 dias no ano [lunar]. Dentre estes, as festividades são mais sagradas. Entre estas festividades o dia do sábado é o mais sagrado. Entre os sábados, o Iom Kipur, o sábado dos sábados, é o mais sagrado.

"Existem setenta línguas neste mundo. Entre elas a mais sagrada é o hebraico. Em hebraico nada é mais sagrado do que a Torá. Da Torá o mais sagrado dos textos são os Dez Mandamentos. Nos Dez Mandamentos a mais sagrada de todas as palavras é o Nome de D'us.

"Todos estes elementos mais sagrados estavam reunidos no dia do Kipur. No sagrado dos sagrados lugares, o Sanctum Sanctorum; no sagrado dos sagrados momentos, o Iom Kipur; o sagrado dos sagrados indivíduos, o Sumo Sacerdote que pronunciava a sagrada das sagradas palavras, o Nome Divino.

"Todo lugar onde um ser humano 'erguer seus olhos para os céus' é o Sanctum Sanctorum. Todo ser humano, tendo sido criado à imagem do Criador, é um Sumo Sacerdote. Todo dia, ou todo momento, de um ser humano é um Iom Kipur. E toda palavra que é dita com perfeita sinceridade é o Nome de D'us."

A descoberta de que a centralidade está no próprio lugar foi a experiência do povo judeu. Talvez seu exílio, mais do que para as tradições cristãs e muçulmanas, que se dedicaram à conquista de lugares, tenha possibilitado uma intimidade com o não lugar. A casa, o lar do judeu, passou a ser virtual. E num mundo de impermanência, onde tudo é construído por nossas mentes, no que diz respeito a estruturas da realidade, o virtual é bastante eficaz e em muito traduz a própria experiência humana.

Os sonhos de fim de exílio passam de alguma forma pelo reconhecimento desta rede maior presente em todo lugar não lugar. Isto porque o fim do exílio será quando todos os indivíduos forem fiéis à rede que compreendem como sendo aquela da qual deriva sua sobrevivência e com a qual estão conectados. Se um dia esta fidelidade foi exclusivamente para com seu clã, se passou à dimensão social de uma nação e se hoje aparece sob a forma de uma globalização, o que podemos concluir é que esta fidelidade modifica-se com a compreensão e a evolução proporcionada pela experiência humana.

A rebeldia utópica dos hebreus, que desde o tempo de Roma é vista como ameaça e desafio a todas as formas de autoritarismo, se baseia na ideia de que a fidelidade só faz sentido na dimensão absoluta – com relação à Rede Maior. A ética ou mesmo o ato de não se curvar a autoridade ou divindade menor, que não seja o D'us único e absoluto, nada mais é do que uma forma de expressar uma lógica do não lugar. Este lugar absoluto onde estamos não é um município, não é um estado, não é um país e não é um pla*net*a. Este lugar está imerso em interesses maiores do que os das esferas mencionadas. Reconhecer estes interesses faz tanto sentido quanto uma nação impor restrições aos interesses de um estado e este, por sua vez, a um município.

Compreender que somos cidadãos não de um lugar – seja de uma nação ou do mundo –, mas que somos cidadãos do universo no que de mais absoluto este é, significa compreender-nos como cidadãos do não lugar.

Dizer isto é ainda hoje extremamente perigoso e, fora de contexto, palavras como estas podem representar grandes armadilhas. Mas quem de nós, herdeiros da História do século XX, não sabe que em nome de grandes fidelidades já cometemos imperdoáveis atos de infidelidade? Ao protegermos interesses menores do que os maiores que podemos perceber, tornamo-nos idólatras. Ser cidadão de um lugar, interessado num lugar sem percebê-lo como uma representação de todos os lugares, é um ato de idolatria. Em outras palavras, num mundo que ainda não percebe com clareza nossos verdadeiros direitos e responsabilidades, a melhor cidadania é a do exílio. Os artistas, os poetas e os intelectuais sabem disto e são cidadãos do exílio. De alguma forma a tradição dos hebreus reconheceu isto em sua História.

Afinal, o que são as lealdades municipais, estaduais e federais senão janelas para um mesmo lugar? Este chão que piso, que lugar é este? Na visão mais curta, é um município. Mas este mesmo lugar pode abrir uma janela e perceber que os verdadeiros interesses deste lugar são da ordem do interesse de um estado. Ou seria este lugar o lugar dos interesses de uma nação ou mesmo de interesses pla*net*ários?

A esta pergunta responderiam, com distintas metáforas, o nazismo, o fascismo e o fundamentalismo, dizendo que um lugar deve lealdade para com a autoridade e o poder que o conquista. Aferrados ao paradigma de lugar, tanto os xenófobos europeus ou americanos quanto colonos extremistas israelenses, ou defensores árabes de uma guerra santa para liberar "lugares", são o oposto dos cidadãos do exílio. São cidadãos engolidos pelo chão, pelo lugar. Se o lugar é uma porta, da mesma maneira que se abre, também tranca e aprisiona.

Este sentimento de apego à realidade mais concreta, ao lugar, ou a percepção da dimensão virtual como uma ameaça perigosa para a humanidade não se manifestam unicamente através de movimentos políticos radicais organizados. São uma reação constante que pode aparecer dissimulada sob as mais variadas formas, mesmo pelo romantismo ou humanismo. Isto porque há uma dose de fundamentalismo embutido no indivíduo que teme que o ser humano se torne escravo de máquinas, ou que mídias tais como a televisão ou o computador venham a afetar as esferas afetivas e intelectuais dos seres humanos.

Todo processo interativo é uma forma de redenção do exílio – de transformação de um lugar neste lugar. Interagirmos é a única maneira de evitarmos nossa extinção e é um modelo universal: o que interage, sobrevive. Nosso engatinhar pela descoberta da ecologia é apenas o começo do despertar para a dimensão da unicidade.

A interatividade é a cidadania do exílio. A chamada realidade virtual não é a realidade da mentira, a realidade que não está acontecendo. O que é virtual hoje é o que não possui uma mídia apurada o suficiente para ser percebida como uma realidade absoluta.

Considerações místicas sobre a mídia

Este universo do qual somos parte é constituído basicamente de filtros. Não podemos assimilar tudo, todas as frequências, todas as gamas, todas as infinitas nuanças deste universo na dimensão parcial de nossas existências. Para ser quem sou, tenho que ser uma parcela, um fragmento, ou um elemento diferenciado. Os místicos desde muito tempo associam o processo da mística ao reencontro com a dimensão de unicidade e indiferenciação. Na tradição judaica chamamos isto de *d'vekut*, aderir [à unicidade].

As mídias são estes filtros. O computador e tudo que nele está contido – a televisão, o rádio, o telefone, o fax etc. – são filtros que nos permitem enxergar além. Não são em si a luz, mas ao contrário, são como óculos escuros que nos permitem ver a luz sem que esta nos ofusque os olhos. Isto é muito importante: as mídias são mais filtros e mais véus para a realidade absoluta, mas nos permitem, por paradoxal que seja, enxergar mais. Ao vermos menos, vemos e compreendemos mais.

Esta fundamental insensibilidade que as mídias produzem nos faz mais sensíveis se soubermos fazer uso delas em vez de assimilarmos a ampliação de nossas limitações que elas representam. Mas entender isto é difícil.

Quando reproduzimos o mundo através da virtualidade e da internet estamos nos afastando do mundo real e, ao mesmo tempo, possibilitando ainda mais sua compreensão. As preces primitivas, que, como vimos, funcionavam como uma rede, nada mais eram do que a mesma experiência. Enfiar-se numa sinagoga, ou igreja, ou mesquita, ou qualquer que seja o lugar destas orações, é estar mais distante do mundo concreto: do mercado, da rua ou das interações sociais. Tal comportamento pode ser terrivelmente alienante e dar início a um processo causador de grande insensibilidade se não for percebido como uma mídia – um véu, uma limitação para ver mais. Ao mesmo tempo, estes lugares são servidores que podem nos colocar em conexão direta com coisas que o mercado, a rua ou as interações sociais não podem. Isto porque as preces, vividas como uma mídia, nos levam a todos os mercados, a todas as ruas e a todas as interações. Sua essência é virtual e, portanto, liberada do caminho.

Nós ainda engatinhamos nesta questão de compreender a "liberação do caminho". Mesmo o que nos é permitido hoje é um mui pequeno vislumbrar do que será o rompimento definitivo com nosso conceito arcaico de lugar. E para os judeus este exílio está longe de terminar com a criação do Estado de Israel. O Estado foi uma necessidade histórica e seu valor não é menosprezado, mas muito de sua constituição mais profunda é pouco judaica – insuficientemente virtual para um povo do exílio.

A própria expectativa mística da tradição judaica que se mira no quadragésimo capítulo do Livro de Ezequiel vislumbra um futuro diferente. Este capítulo, onde Ezequiel descreve um futuro Templo, permite uma leitura da tradição judaica na qual o Terceiro Templo não será construído. Ele será trazido dos céus, construído de fogo e ofertado pelo próprio Criador. É interessante ressaltar que existe hoje uma instituição, Academy of Jerusalem, devotada à reconstrução do Templo. Mas como será possível fazê-lo? Destruindo as mesquitas que lá estão hoje? Não. Segundo o projeto de seu idealizador, Yitzhak I. Hayutman, não será lá, mas será lá. Ou seja, será virtual. Será imaterial, um não lugar central para todos os povos. Um não lugar que será o monumento maior de todos os não lugares.

Se este projeto é *o* projeto, não sabemos. O que sabemos é que algo se delineia no horizonte. Não podemos ver se não intuir.

Nas palavras de Barbara Marx Hubbard, futurista seguidora de Teilhard de Chardin e Buckminster Fuller: "A Nova [celeste] Jerusalém é nosso potencial coletivo de transcender todas as limitações da criatura através do uso harmônico de nossas capacitações, atingindo uma sociedade de seres humanos universais cujas mentes e corpos sejam uma reflexão total da mente divina."

O Templo sempre foi uma mídia. Talvez as mídias coletivas mais primitivas inventadas pelos seres humanos tenham sido os conceitos de deuses, os altares e os templos. Templos foram erigidos e não conseguimos até hoje entender de que realidade falavam os antigos. Por que precisariam investir tanto nesta mídia tão inútil?, se perguntam as mentes iluminadas de nossos dias. Precisaram porque o conceito de virtualidade sempre nos foi conhecido. A morte nos ajudou em muito nesta compreensão da realidade como algo virtual e impermanente.

Neste sentido, a vida definida pela consciência da morte também é um exílio. Um exílio que nos fez compreender a essência virtual de tudo.

Meio como um fim

Nossa compreensão de qualquer descontinuidade é muito difícil. A intuição, por exemplo, nos é um mistério justamente porque pressupõe uma descontinuidade com a lógica de causa-efeito. Temos dificuldade e muito medo de passar por sobre o vazio, sobre o que não está pavimentado. Este salto em direção a um apoio que não sabemos se existirá é, em muitos sentidos, uma profunda limitação de nossa estrutura. Estamos de tal maneira aferrados à percepção de que a única dinâmica em nossas vidas ocorre no tempo que queremos sempre medir resultados em termos do que acontecerá. A eficácia medida no tempo, no entanto, é extremamente duvidosa. Uma antiga parábola chinesa conta:

"Um sábio possuía um cavalo puro-sangue e tinha um filho. Todos queriam comprar o cavalo, mas ele não desejava desfazer-se do animal. Passado algum tempo, o sábio esqueceu a porteira do estábulo aberta e o cavalo fugiu. Seus vizinhos correram à sua casa e comentaram: 'Seria melhor ter vendido o cavalo!' Ao que o sábio reagiu dizendo: 'Pode ser que sim, pode ser que não.' Passado mais algum tempo, o cavalo que fugira tornou-se líder de uma manada selvagem e um certo dia reapareceu no estábulo com outros dezenove cavalos. Os vizinhos se apressaram a visitar o sábio novamente e comentaram: 'Você fez muito bem em não vender o cavalo!' Ele respondeu: 'Pode ser que sim, pode ser que não.' Não tardou muito, o filho do sábio caiu quando cavalgava, quebrando sua perna em quatro diferentes partes. Resultado: ficou meses acamado. Os vizinhos retornaram dizendo: 'Viu? Se tivesse vendido o cavalo estaria melhor.' O sábio respondeu: 'Pode ser que sim, pode ser que não.' Não tardou muito e irrompeu uma guerra na região. Todos os jovens foram convocados e pereceram em combate. Os vizinhos desolados retornaram ao sábio: 'É... você fez muito bem em não vender seu cavalo...' Ao que o sábio respondeu com grande convicção: 'Pode ser que sim, pode ser que não.'"

O que se desdobra diante de nós no tempo é uma incógnita. Nós somos dados a vitórias e derrotas que muitas vezes se revelam, respectivamente, derrotas e vitórias. Na verdade, toda a nossa ansiedade está em conquistas, em chegarmos a algum lugar, algum fim. E qual fim é o fim, o derradeiro fim, se não o fim? Não há nada no futuro a não ser as janelas e portas que este nos oferecerá quando se fizer presente. Mais do que nunca entendemos que não apenas os fins não justificam os meios, como não justificam sequer a si mesmos. Os meios, no entanto, justificam os fins. Esta é a razão pela qual os profetas de Israel não estavam tão interessados em antever o fim, o futuro, mas em acessar o verdadeiro presente, o meio.

Há um século o ativista e pensador judeu Achad Ha-am escreveu um artigo antológico intitulado "Sagrado e Profano". Neste ele declara que, na dimensão do profano, os meios derivam seu significado do objetivo; quando o objetivo foi alcançado, o meio automaticamente cai em desuso e desinteresse. Já no sagrado, o objetivo investe os meios de significado próprio, de tal maneira que, quando o objetivo é alcançado, estes não perdem sua utilidade, mas são redirecionados para outro objetivo. Segundo ele, livros profanos nada mais são do que instrumentos para se obter conhecimento de um certo assunto. São recipientes das ideias neles contidas e uma vez que cumprem sua tarefa de informar caem em total esquecimento. Assim é com nossos livros escolares, que nunca voltamos a consultar. Com livros sagrados ocorre o inverso. Neles o conteúdo santifica o livro e este, gradativamente, se torna a essência, enquanto o conteúdo passa a ser efêmero. O meio é o não lugar, diferente do fim que é um lugar, alcançado ou conquistado. O lugar é o profano. O não lugar é o sagrado. Neste último é possível redefinir o lugar, o fim, como sendo qualquer outro lugar, qualquer outro fim.

O sábio de nossa parábola chinesa ao contestar "pode ser que sim, pode ser que não" está longe de ser uma figura patética. Para muitos, esta incapacidade de definir-se como bem-sucedido ou fracassado retira qualquer sabor à existência. Estaria o nosso sábio deprimido por saber de nossa incapacidade de controlar o mundo à nossa volta, não podendo sequer distinguir os momentos de grandeza e de desgraça? Não. Sua maneira de derivar beleza e prazer do mundo não é obtida a partir de critérios de dominação do futuro, fazendo-o semelhante a um lugar, seguro e demarcado. Ele se entrega ao fluxo não do tempo, mas do lugar.

Tal como o tempo tem um lá, um momento adiante que tentamos desbravar na imaginação ou em nosso próprio envelhecimento, o lugar tem um futuro. O futuro do lugar é a dinâmica existente no conceito de lugar. O futuro do lugar é onde este lugar me leva a outro. Diferente do que nos diz a experiência, de que não se pode estar em dois lugares num mesmo instante (e a partir disto compreendemos o mundo), palidamente se revela um novo paradigma em que dois instantes diferentes não podem ocupar um mesmo não lugar. O não lugar não tem tempo, desconhece caminhos, e é feito unicamente de portas e acessos diretos. Por estes se vai sem ir, porque a finalidade não é ir, mas estar, absolutamente estar.

Está em jogo, novamente, a questão da descontinuidade. Compreendemos como chegaremos ao futuro pois identificamos um caminho pavimentado de presentes. Buscamos em nossas ficções encontrar máquinas que nos levem de um tempo a outro instantaneamente. Ou sonhamos com teletransportadores que nos façam ir daqui diretamente a outro lugar. De onde tiramos esta ridícula intuição de que isto é possível? Do lugar. Do fato de que um lugar pode ser muitos lugares.

Um episódio na história judaica retratado no Talmude traz alguma luz a esta questão. Rabi Chanina ben Taridion foi um sábio de Israel que no período romano foi preso por transmitir os ensinamentos de sua tradição. Sua punição foi cruel: ser queimado vivo. Para adicionar crueldade, envolveram seu peito com um pergaminho umedecido de tal maneira que sua morte fosse lenta. Mais ainda, para torturá-lo também psiquicamente, este pergaminho era nada menos do que um rolo da Torá, dos ensinamentos que o rabino tanto prezava. Durante esta cena brutal a filha do rabino se joga ao chão diante do pai e pergunta: "É esta a Torá [a lei e a justiça] e é essa a sua recompensa?"

A pergunta de sua filha é bastante importante. Ela pede ao pai que ele dê sentido àquilo que ela percebia como realidade. Como conjugar a realidade de que seu pai é um bom homem cuja vida foi dedicada ao bem e à sabedoria e a realidade de que ele está ali cruelmente ardendo em chamas? A percepção da realidade não dá conta de sua plenitude. Ou esta Torá não é algo real ou o que está acontecendo não é algo real. O que é virtual?

A compreensão e a utopia humana ou a sua carne e tudo ao que esta está sujeita?

Rabi Chanina responde: "É apenas o pergaminho que queima, as letras [do texto] estão sendo liberadas e indo direto para o céu." Sua filha obviamente não estava preocupada com o rolo, o pergaminho da Torá, que envolvia o peito de Rabi Chanina. Ela se referia à Torá como sendo o modo de vida que levara seu pai, e a recompensa não era a queima e o dessacrar do pergaminho, mas da integridade física de seu pai. Porém a resposta funciona nas duas direções. Rabi Chanina está dizendo: "Filha, é meu corpo que está sendo queimado, a alma – as letras e o texto –, esta sobe para o céu." Em outras palavras, a realidade comporta esta situação porque o que você está vendo não é o que você está vendo. Há outra forma de enxergar este lugar.

O diálogo de pai e filha foi, porém, interrompido pelo carrasco e assim relata o Talmude: "'Mestre', disse o carrasco, 'se eu apressar a sua morte, você me promete a vida eterna?' 'Eu prometo', disse o ancião. 'Jure', exigiu o carrasco. E Chanina então jurou. O executor rasgou os pergaminhos em torno de Rabi Chanina e este entregou sua alma ao Criador. O soldado romano então pulou dentro das chamas. Uma voz se fez ouvir dos céus proclamando que Rabi Chanina e seu carrasco haviam ingressado juntos no mundo vindouro. Rabi Iehuda chorou ao ouvir isto e fez o seguinte comentário: 'Algumas pessoas podem ganhar a vida eterna em um momento enquanto outras precisam de toda uma vida.'"

Tão real foi a compreensão virtual de Rabi Chanina que a história nos mostra de forma artística que o próprio carrasco, representante maior do que é concreto e real, se entrega a ela. Como se o mundo ficasse de cabeça para baixo, a vítima é clemente com seu algoz. Mais do que isto, o carrasco vê nitidamente que o fogo é um portal. Não interessa se seu personagem vai do cruel [queimando sadicamente o sábio] ao justo [estar no mundo vindouro na mesma condição do sábio Rabi Chanina] em um único instante. Isto porque aquele lugar transformara-se num portal. O carrasco enxerga isto e faz uso desta porta. Sem ela, seu caminho seria longo. O mundo virtual que Rabi Chanina descortinou com sua resposta para a filha propiciou uma mídia para o carrasco.

O mundo virtual é um convite para uma viagem. Ele temporariamente estabelece uma ponte com a chamada realidade e a faz, momentaneamente, virtual. Se um indivíduo se permite fazer um movimento de legitimação do que antes era virtual mas se fez portal, ele passa para o outro lado deste. Quando a porta se fecha, quando o lugar através do qual Chanina e seu carrasco acessam um outro lugar perde sua condição de porta, o mundo real volta a parecer absoluto. Nada aconteceu. O carrasco enlouqueceu de remorso ou coisa que o valha. Pensamos então: "Que fim tolo tiveram os dois! Poderiam ter tido outro fim." A finalidade, ou o que nos parece o fim, nada mais é do que um meio. Nenhum de nós poderá conceber o universo apenas por suas janelas. Todos teremos que ultrapassar portais. Seja por nossa vontade ou não. As portas, os meios por excelência, são o cerne pujante da Criação. São a conexão maior entre o ponto da rede que representamos e a teia de encontros de tudo com tudo o mais.

Quantum ecologia

Como mencionamos anteriormente, um não lugar representa um site, um "sítio". Não é um lugar espacial, mas uma porta. Quando descobrimos, por exemplo, as diversas relações entre os seres vivos, ou seja, um ecossistema, estamos identificando portas. De que maneira nos afeta a existência ou não de uma dada espécie é uma forma de identificar níveis de interação que existem entre os diferentes aspectos da Criação. A consciência ecológica nada mais fez do que apontar para o fato de que o mosquito X ou o macaco Y têm uma porta aberta diretamente para influenciar o nosso destino. Há algo neles que interfere em nós e algo em nós que interfere neles. Pouco a pouco descobrimos que estamos numa mesma embarcação e o que impacta um impacta o outro.

Uma interessante colocação é feita por Reb Pinchas, líder chassídico do século XIX. Um discípulo lhe trouxe a seguinte pergunta:

"Como posso rezar pedindo para que alguém se arrependa de suas faltas, quando esta prece, se for ouvida nos céus, representa uma clara interferência no livre-arbítrio desta pessoa?"

Respondeu o rabino: "O que é D'us? A totalidade das almas. Seja lá o que existe no todo, também existe na parte. Portanto, em cada alma, todas as almas estão contidas. Se eu me transformo e cresço como indivíduo, eu mesmo contenho em mim a pessoa a quem quero ajudar, e esta contém a mim nela. Minha transformação pessoal ajuda a tornar o 'ele-em-mim' melhor e o 'eu-nele' melhor, também. Desta forma fica muito mais fácil para o 'ele-em-mim' tornar-se melhor."

Se analisarmos esta linguagem híbrida de espiritualidade e holografia, vemos que ela pressupõe que no mundo interior de cada um de nós há uma interligação com o outro. O reconhecimento de que este "ele-em-mim" é uma porta é tão impressionante quanto perceber que o "eu-nele" é também uma porta dele até mim. Há uma ecologia formada de intercessões na qual temos um pouco de cada um nos outros. Com os seres humanos compartilhamos de inúmeras intercessões, assim como com os animais ou mesmo com os minerais. Estas intercessões são o outro em mim e nossas células estão impregnadas delas.

E é isto que queremos salvar quando falamos de preservar as baleias ou outras espécies em extinção, ou seja, queremos salvar o "nós-na-baleia" em nome da "baleia-em-nós". Despertamos aos poucos como geração para dizer como Jacó: "eis que há baleia neste lugar [em mim] e eu não sabia". Ou mesmo: "Este [eu] não é outro lugar senão a porta para as baleias." Este "tu-em-mim", esta intercessão entre o que somos, nos faz viver muito mais em conjunto do que podemos supor. Sua percepção absoluta foi registrada por Jacó ao declarar que "Este lugar não é outro senão a porta para os céus. Aqui, neste ou qualquer lugar que lá se esteja, há um D'us-em-mim e um eu-em-D'us. Há uma porta absoluta para tudo em tudo".

Mas se não conseguimos ainda sequer perceber isto em relação a outros seres humanos, com os quais temos tantas intercessões, imagine-se então com outras espécies ou com tudo o mais que existe. É parte da evolução humana descobrir que o mundo externo é uma representação do lugar de cada um de nós. Quando entendermos isto, vamos nos surpreender por reconhecermos o quanto nossas existências são uma representação virtual destas inúmeras interações. Nossas vidas são um meio, uma mídia, uma determinada forma de expressão destas intrincadas interações da rede.

As portas em nós para outros são uma definição de ecologia num nível interno ao nosso próprio ser. O um-no-outro é a célula, o *quantum* ecológico. É o que nos possibilita abrir portais e acessar. Não fazemos estes acessos nem pelo tempo, nem pelo espaço, mas através do outro no qual podemos desaguar se soubermos identificar o ele-em-nós.

Estas são as passagens secretas do castelo da existência e saber locomover-se por elas é ser um viajante, um internauta das interações e interligações deste universo e navegar.

D'us é o lugar

Um dos nomes que a tradição judaica atribui a D'us é *ha-makom* – o lugar. Em momento algum, por exemplo, D'us é denominado "tempo". É verdade que a eternidade divina é um conceito presente nas fontes antigas, mas em nenhum momento o tempo é apresentado como a chave de acesso maior ao Criador. D'us não está nem no passado, nem mesmo no futuro. O Rabino de Bratslav explica:

"D'us está acima do tempo. Este é um assunto realmente assombroso e dos mais incompreensíveis. É impossível para o intelecto humano compreender uma ideia como esta. Saiba, no entanto, que o tempo é, em geral, o produto da ignorância; isto quer dizer, o tempo nos parece real porque nosso intelecto é tão pequeno. Quanto maior o intelecto, menor e menos significativo é o tempo. Veja o sonho, por exemplo. Nele o intelecto é adormecido e toda a noção de tempo se transforma. Em um sonho é possível que setenta anos passem em menos de um quarto de hora... Existe uma Mente tão elevada que, para ela, o tempo não representa nada."

O Nome de D'us, ou a Senha por excelência, que mencionamos antes, é uma palavra formada por quatro letras – um tetragrama. Esta palavra, que não pode ser pronunciada, é a contração de todos os tempos, passado, presente e futuro. Este é um conceito frequentemente mal compreendido. Não significa, como pensaríamos, que D'us é todo o tempo e que seu maior atributo é a eternidade. A contração de passado, presente e futuro expressa a desintegração do tempo, como alude o Rabino de Bratslav. E onde não há tempo temos o nó, a contração absoluta, aquilo que estamos tentando identificar como um lugar não lugar.

Uma passagem bíblica inspira um comentário rabínico (Or ha-Chaim) bastante relevante à questão do lugar. Trata-se do versículo inicial do livro dos Números: "D'us falou a Moisés no deserto do Sinai desde a Tenda-do-Encontro no primeiro dia do segundo mês no segundo ano de sua saída do Egito."

O comentário se pergunta algo bastante banal: "Por que na dimensão espacial o versículo progride do elemento mais genérico para só então apresentar o mais específico, quando com o tempo é feito justamente o contrário? No espaço está escrito – Sinai – o lugar mais abrangente e só depois a Tenda-do-Encontro; já no tempo há uma progressão do mais específico – o dia do mês – para o mais genérico – segundo ano. Ou, em outras palavras, não seria mais lógico encontrarmos uma situação semelhante a que colocamos em nossos endereços em cartas? Primeiro temos o nome da rua e só então o nome do bairro ou da cidade."

A conclusão do comentarista é que, na realidade, também o espaço está mencionado do mais específico para o mais genérico. Como? Ele explica:

"Nossos sábios explicaram isto fazendo uso de outro versículo (Êxodo 33:21): [D'us diz:] 'Eis que há um lugar em mim' *(hine makom iti)*. Isto significa que o 'Lugar' de D'us está embutido no próprio D'us (lugar em mim). D'us é o próprio Lugar do mundo, mas o mundo não é o seu Lugar. Assim sendo, a Tenda-do-Encontro é o lugar genérico de todo o mundo, enquanto que o deserto do Sinai não passa de um local específico."

O que o comentário deseja ressaltar é que o Lugar de D'us não está contido num lugar. O ponto de acesso à divindade, no caso a Tenda-do-Encontro, não é menor nem está incluído no deserto do Sinai. Muito pelo contrário, é esta Tenda que contém tudo, inclusive o deserto do Sinai.

Novamente nos deparamos com o próprio sentido da rede. Muitas vezes as pessoas se perguntam em relação à inter*net:* Onde fica a sua central? E, com certeza, não é fácil explicar-lhes que não há uma central. A rede existe, mas ela não está em lugar nenhum, ou melhor, está em todos os lugares.

Comentários bastante antigos se voltam para o texto que mencionamos acima, em relação ao sonho de Jacó, intrigados pelo início daquele relato. O lugar de seu sonho nos é introduzido pela estranha expressão: "e se pegou no lugar". Assim interpretam os rabinos (Gen. Rabah 68:9):

"Rabi Huna disse em nome de Rabi Ami: 'Por que denominamos o Eterno de O Lugar? Porque Ele é o Lugar do mundo.'

Rabi Iosi disse: 'Não sabemos se D'us é o Lugar do mundo ou se Seu mundo é Seu Lugar, mas do verso *eis que há um lugar em mim* [o verso que mencionamos acima] concluímos que D'us é o Lugar deste mundo, mas este mundo não é Seu Lugar.'"

Esta parece ser a descoberta de Jacó: este lugar onde estou não é o lugar de D'us, mas D'us é este lugar. Seu sonho, em realidade, é a grande evidência disto. Jacó sonha com anjos que sobem e descem uma escada que vai até os céus. Este D'us que é, mas não está no lugar, e que é o não lugar, é a própria rede. A sede, a central da rede é D'us. Não farás imagens é a recomendação de uma tradição que sabe que D'us não é uma forma, nem sequer uma entidade, mas o processo ativo-inter-ativo de tudo.

Como dissemos antes, Jacó presencia um acesso. O que é esta escada senão a grande *net* que leva desde este mundo até os céus? Os sábios ficaram intrigados com estes anjos que "sobem e descem" as escadas. Eles se perguntavam: "Em se tratando de anjos... não deveriam eles estar 'descendo e subindo' ao invés de 'subindo e descendo'?" A resposta está no fato de que os anjos são conectores, são representação arcaica da mensagem e da própria comunicação direta com a rede.

A raiz da palavra "anjo" (*malach*) significa justamente "mensageiro". Estes mensageiros são agentes presentes em qualquer situação do cotidiano quando fazemos contato e nos colocamos em conexão. Intuições, sincronicidades e outras experiências muitas vezes visualizadas através de anjos nada mais são do que acessos diretos à rede. Jacó presencia um momento de conexão. Seus anjos subindo e descendo são os *bites* enviados e *bites* recebidos de qualquer contato com a rede. Através deles foi possível a Jacó o *download* de informação desta Rede Absoluta e isto o assombrou.

D'us é o lugar. Ou melhor D'us é o não lugar em qualquer lugar.

ONDE
A VIRTUALIDADE
E A REALIDADE
SE BEIJAM

A literalidade das metáforas

O objetivo maior deste livro é refletir sobre uma nova metáfora – a inter*net*. Poderíamos dizer que a metáfora é todo o processo ultramoderno de comunicações e hipermídia. A inter*net*, no entanto, é o instrumento concreto de comunicação mais sofisticado de que dispomos para ampliar nosso horizonte e criar uma linguagem para falar daquilo que no passado não podíamos falar, apenas intuir.

Os rabinos sempre se interessaram pelas metáforas e seu enriquecimento. Uma história sobre o rabino de Saragoça exemplifica isto. O rabino afirmou:

"Podemos sempre aprender alguma coisa de tudo que existe neste mundo! 'O que podemos aprender de um trem, por exemplo?', desafiou um discípulo. 'Que por causa de um segundo, podemos perder tudo.' 'E de um telégrafo?' 'Que cada palavra é contada e por ela seremos cobrados.' 'E o telefone?' 'Que o que dizemos aqui é escutado lá.'"

Percebemos que todas as mídias de comunicação podem ser usadas como metáforas de uma grande rede. E o programa *Windows* e a inter*net* servem, com certeza, como instrumentos para poder se falar da rede. Neste caso, a própria linguagem destas inovações reflete em grande medida a metáfora que constroem.

A virtualidade, tal como a teoria da relatividade, mostra-nos que as fronteiras não são de ordem externa ou mesmo interna. As fronteiras estão na mente e sua capacidade de perceber, ou na mídia que delimita a sensibilidade. D'us não está em um lugar, nem em algum tempo, mas na possibilidade ou não de enxergar através da mente. E é justamente ao percebermos os limites de nossa mente que ficamos apreensivos diante de conceitos como o da virtualidade.

Tememos que as pessoas percam contato com a realidade, que se tornem isoladas em computadores ou qualquer outro meio que venha a ser inventado. Receamos que as pessoas se tornem mais distantes, que a experiência real venha a ser trocada pela existência virtual. Que venhamos a ouvir, ver, provar, sentir o cheiro e tocar um mundo que não é real.

A ficção científica não consegue mais dar conta de imaginar o futuro porque reconhece que este representará rompimentos radicais com nossa compreensão atual. E resistimos muito a ver que estes são progressos construtivos pois os percebemos como ameaças à realidade. Quando o telefone foi inventado, as pessoas imaginaram que o mundo seria um lugar de menos encontro. Quando a televisão surgiu, nos preocupamos que esta viesse a massificar e emburrecer os telespectadores. A apreensão é justificada. O mau uso de qualquer coisa é preocupante. Mas devemos distinguir nosso temor pelo excesso da noção de que a virtualidade representa a substituição das grandes maravilhas da chamada realidade. Comer, dançar, amar e tantas outras atividades da realidade não serão abolidas pelo surgimento de processos cada vez mais virtuais. O mundo vai achar seus equilíbrios, precisará fazê-lo. Embutida nestas reflexão e discussão está, no entanto, uma percepção de grande relevância: de que tudo o que rotulamos como "experiências da realidade" são, na verdade, virtuais. Não existem coisas para serem vistas, não fosse a mídia de nossos olhos. Não há cheiro, não há gosto ou som que não seja a produção virtual de nossas mídias do sentido. O próprio toque, tão real que chega a ser o pedido de socorro de quem sonha – me belisca –, é também o produto de uma mídia sensorial feita de centrais nervosas e neurônios. Os Salmos (135) proclamam: "Têm boca mas não falam; têm olhos e não veem. Têm ouvidos, mas não ouvem..." Nós somos virtuais. A prova maior disto é nossa morte. Sem os meios, sem a mídia para nos expressar passamos a ser entidades não mais da realidade. Dizemos que fulano se foi, e lidamos com a realidade sem questioná-la, apesar de ninguém saber para onde foi. Compreendemos a partir da perspectiva da vida que se perdeu o contato com aquele que morreu. Choramos muito quando da morte de alguém porque julgamos ter perdido contato para todo o sempre com nossos mortos.

 O que conhecemos por realidade não será substituído pela virtualidade nem da inter*net* nem de qualquer outro instrumento do futuro. Mas a metáfora destas inovações nos fará entender a vida e a própria existência de uma maneira muito distinta da atual. Saber absorver todos os ensinamentos contidos nas metáforas, fazendo-as parte do mundo real, literal, é uma arte que devemos todos desenvolver.

 Um episódio em particular é sempre de grande importância. Trata-se da visita que os sábios fizeram ao não lugar. Assim nos relata o Talmude:

 "Assim ensinaram os sábios. Quatro sábios ingressaram no pomar do conhecimento secreto. Eles eram Ben-Azai, Ben-Zuma, Elisha e Akiba. Rabi Akiba preveniu os demais: 'Quando nos aproximarmos do lugar onde estão os pilares brancos de mármore, ou quando estivermos mergulhados na imensidão de brancura, não gritem – Água! Água! –, pois será uma mentira, e nenhum mentiroso pode estar diante de D'us.'

"Por não terem seguido suas instruções, os companheiros de Rabi Akiba foram punidos. Ben-Azai olhou e morreu. Ben-Zuma olhou e enlouqueceu. Elisha olhou e perdeu sua fé. Apenas Rabi Akiba entrou em paz e saiu em paz."

Esta história é uma descrição impressionante de como no passado eram conhecidas as portas que levam à rede, ao pomar. Tal é a clareza do que o Talmude nos relata, que este pomar nada mais é do que o mundo virtual. Sabemos que a palavra *pardes*, pomar em hebraico, é formada pelas iniciais de quatro palavras – literal, metáfora, alusão e secreto. Estas quatro dimensões de interpretação que a mente humana reconhece não aufere exclusividade para o mundo literal como representação da realidade. Estas dimensões da mente são de ordem virtual. O mundo no qual estes sábios mergulham não é um local, nem é um momento no tempo. Os sábios ingressam na teia da rede. O grande perigo que lá reside é não mais saber distinguir formas de trazer esta experiência virtual para uma dimensão da experiência. Não saber digerir o que lhes é mostrado é o que causa tamanha destruição entre os três primeiros sábios.

Rabi Akiba havia alertado para que não tentassem converter este mundo virtual, um não lugar, num lugar. Ele alertou que não deveriam pensar que o que se parece com água é água. Ao fazer isto "vocês estarão mentindo", alertou. Os sábios, no entanto, viram, concretizaram e tentaram fazer sentido do virtual. Eles se perderam no pomar. Ben-Azai morre porque não se "saber onde se pisa" é potencialmente letal. Ben-Zuma enlouquece porque não conseguiu sobrepor as inúmeras realidades de um único lugar em sua mente limitada. Elisha, num esforço desumano, conseguiu integrar tudo o que viu, mas suas limitações o fizeram compreender tudo de forma distorcida. Apenas Akiba conseguiu entrar e sair do pomar. Conseguiu isto porque compreendia profundamente o que é uma porta, o que é um acesso e o que é a rede.

A frente que é as costas

Os símbolos maiores da civilização buscaram oferecer ao ser humano esta sensação de intercessão existente num dado lugar. A visualização de Jacó está presente na Estrela de David, no Yin/Yang e na Cruz. A primeira são dois triângulos que se interceptam, um apontando para o processo que afunila de cima para baixo, outro que afunila de baixo para cima. O lugar que acessa, representado pelo triângulo que converge para um ponto em cima, se encontra com a rede que provê, representada pelo triângulo que converge para um ponto embaixo. O Yin/Yang também, com suas peculiaridades arredondadas, orientais, faz surgir em meio a um lugar branco um ponto negro e em meio a um lugar negro um ponto branco. Este ponto que passa de uma realidade (branco ou preto) para a outra é a porta que faz o branco ter acesso ao preto e vice-versa. Ou melhor, o preto é lugar do branco e o branco o lugar do preto. Tudo incluso em tudo. A Cruz, por sua vez, demarca um site da mesma maneira que a matemática demarca um ponto. O ponto em cruzamento não é da dimensão horizontal nem da vertical – é de ambas ao mesmo tempo. É o nó de terra e céu.

Há um episódio bíblico que alude a esta questão da distinção entre realidade e virtualidade de forma contundente.

Trata-se do texto dos últimos versículos de Êxodo 33. Este texto, já mencionado acima, reproduz um diálogo entre D'us e Moisés. Moisés pede a D'us que lhe confidencie mais profundamente sobre a essência da realidade e de seus planos. Diz Moisés para D'us (33:12): "Eis que Tu me dizes: 'Faze seguir este povo, porém não me faças saber a quem hás de enviar comigo.' E Tu disseste: 'Conheço-te por teu nome, também achaste graça aos meus olhos.' Agora, pois, se tenho achado graça aos teus olhos, rogo-Te que agora me faças saber o Teu caminho, e conhecer-Te-ei…"

Moisés quer "saber o caminho" e "conhecer" D'us. Seu pedido por mais poder de compreensão, por um entendimento mais absoluto da realidade, é impressionante vindo de um homem como Moisés com quem D'us, segundo o texto (33:11), conversava "face a face". Moisés é ainda mais explícito (33:19) e diz para D'us: "Rogo-Te que me mostres a Tua glória!" D'us então responde: "Farei passar toda a minha bondade diante de ti, e apregoarei o Nome de D'us diante de ti… Mas não poderás ver a minha face, porquanto homem nenhum verá a minha face e viverá. [Porém] **Eis aqui um lugar em mim**… e acontecerá que quando minha glória passar… te cobrirei com minha mão, **me verás pelas costas**, mas minha face não se verá."

Moisés quer enxergar a realidade como algo concreto. Quer conhecer a "glória", face a face. D'us tem que então explicar-lhe que ser humano algum pode ver sua face e viver. É esta talvez a tentativa que tira a vida de Ben-Azai ao entrar no pomar. É impossível conceber esta realidade absoluta a partir da mídia que somos enquanto humanos. Mas se não é possível ser D'us e conter em si Sua realidade – "eis um lugar em mim", Você poderá acessar-me, esclarece D'us. Os olhos de Moisés são então cobertos por um filtro (mão de D'us) para não serem ofuscados. Esta mídia simbolizada pela mão de D'us é que permite ver as costas – a realidade sob a forma virtual.

A face de D'us a qual Moisés tinha acesso não era a verdadeira face. Esta ele não poderia ver e continuar vivo. O que ele achava ser a face era na verdade as costas de D'us. Isto porque toda a realidade para o ser humano, como já dissemos, é uma expressão virtual da verdadeira realidade. D'us chega mesmo a mencionar explicitamente os meios, as mídias, para poder acessar a sua glória virtualmente. E quais são? "Farei passar toda a minha bondade diante de ti, e apregoarei o Nome de D'us diante de ti." Fazer passar toda a bondade diante de um ser humano é ativar sua gratidão, o que é em si a grande mídia pela qual percebemos a existência de um Criador e o louvamos. Apregoar o Nome de D'us, por sua vez, é simbólico da senha necessária para perceber a rede universal à qual este Nome dá acesso.

Nossa condição humana faz com que aquilo que julgamos ser a frente nada mais seja do que as costas. A realidade não é a face, mas as costas. Assim sendo, não podemos ter preconceitos com esta nova dimensão da metáfora que denominamos de virtual.

Download na história

A história dos hebreus é particularmente interessante no que diz respeito à Revelação divina. De todas as possíveis concepções espirituais que os hebreus poderiam ter construído, optaram por uma em particular: o Criador, em algum momento da História, passaria informações para as suas criaturas. O recebimento das Tábuas da Lei no monte Sinai é uma compreensão sofisticada e original da rede e suas mídias que compõem este universo.

Sem nos alongarmos nos riquíssimos detalhes, Moisés é chamado ao topo do monte para receber um *software* do Criador. Era como se estivesse dizendo: "Eis aqui, Moisés, um programa básico para você entregar aos humanos. É um programa para que rodem sobre ele qualquer outro programa. Façam-no sagrado distribuindo cópias por entre todos. Leiam publicamente, ritualmente. Sua estrutura será binária – 'sim faça' e 'não faça'." Tratava-se de Mandamentos, ou, como hoje dizemos, comandos.

O conteúdo das informações que o Criador passaria à criatura vinha de um meio, uma mídia, sofisticadíssima (a mídia absoluta), para outra infinitamente inferior. Como se o *download* (a passagem de informação de um meio para outro, de um micro para outro) fosse de um meio infinitamente superior de última (absoluta) geração para outro infinitamente inferior e limitado. Nas sinagogas cada vez que é terminada a leitura pública da Torá declaramos: "Esta é a Torá que apresentou Moisés diante do povo de Israel, pela boca de D'us; pelas mãos de Moisés!"* Pela "boca de D'us" é o meio emissor da informação; "pelas mãos de Moisés" é o meio receptor.

Imaginemos a dificuldade de passagem de um meio tão sofisticado para outro tão obsoleto. O Criador teve que fazer uso de fantásticos filtros para poder reduzir-se à capacitação desta "mão de Moisés". Não tivesse o Criador passado a informação na "linguagem dos humanos", a Revelação seria incompreensível tanto para Moisés como para o povo. Seriam signos estranhos como os que cobrem nossas telas de computador quando não conseguimos ler um dado documento. O trabalho das gerações posteriores até os nossos tempos e para toda a História humana seria resgatar o sentido original da Revelação, aquilo que por trás dos filtros estava sendo passado da rede para um ponto de acesso. Para a tradição cabalista, dois distintos fogos imprimem este programa – um fogo branco e outro fogo negro. Um é o texto real, diante de nós até os nossos dias, o outro é o texto virtual, que espera as interpretações metafóricas, alusivas e secretas para resgatar o verdadeiro sentido da Revelação.

O que a Rede espera dos seres humanos é então traduzido em conceitos deste HD obsoleto, tais como: guardarás o sábado... não roubarás... não matarás... não cobiçarás, e assim por diante. O resquício porém do volume e densidade da informação que chegava e era convertida em informação de possível

---

* Números 9:23

compreensão para os humanos está registrado numa lenda hebraica. Diz ela que D'us começou a recitar os Mandamentos e na primeira letra da primeira palavra pronunciada o povo implorou a Moisés para intermediar o recebimento da Torá. E qual era essa letra? A letra "alef", uma letra muda como o "h" em nosso alfabeto. Ou seja, a letra muda, o silêncio, trazia em si tanta intensidade de informação que o povo caíra de rosto ao chão em temor desta transmissão.

A recomendação inicial deste programa mestre chamado de Torá (1.0) era sobre a unicidade do Criador (da rede) – "Eu sou YHWH (o tetragrama-senha), teu D'us." A recomendação inicial era para não confundir "realidades". "Não terás outros deuses diante de mim... não farás representações ou imagens do que há em cima nos céus..." é um alerta não sobre os perigos da virtualidade, mas acerca dos perigos da realidade. Atribuir a qualquer realidade a condição de absoluta é um erro imperdoável, fruto somente de uma insensibilidade também absoluta.

Fundamental em tudo isto é compreendermos que a metáfora que os hebreus transmitiram estava totalmente sintonizada com aspectos de um universo em rede e o baixar de informações desta. Tamanho é o paralelismo, que D'us mesmo fala deste programa baixado para os humanos usando as seguintes palavras (Deuteronômio 30:11): "Este Comando que hoje Te ordeno não te é encoberto, e tão pouco está longe de ti. Não está nos céus para dizeres: Quem subirá por nós aos céus, para trazê-lo, fazendo-nos ouvi-lo para que o façamos? Porque esta palavra **está muito perto de ti**, na tua boca, no teu coração para a fazeres." D'us define aqui o não lugar. Não tens que ir buscar nada em lugares recônditos, ou em lugares de qualquer espécie. Aqui mesmo, no teu coração, no lugar, tudo isto se faz acessível.

A Revelação da História é um episódio coletivo daquilo que todo indivíduo pode experimentar através de suas portas. Não devemos buscar no mundo externo, das realidades ilusórias, aquilo que em nós pode ser acessado virtualmente.

Virtualidade e messianismo

Vamos fazer uma breve reflexão sobre ficção científica arcaica. Como a nossa geração, aficionada por ficção científica, o passado também tinha grande curiosidade pelas descobertas que se fariam no futuro. Havia, no entanto, uma diferença. Nossa cultura cientificista deposita esperanças na própria ciência para alcançar as maravilhas que o futuro permitirá. Imaginamos que os meios serão em si a grande benesse que o futuro oferecerá, enquanto que, pela visão antiga, eles eram vistos como meras metáforas que nos permitiriam o novo mundo do futuro.

O mundo antigo sabiamente percebia que o prazer e a felicidade humana não são ampliados por engenhocas científicas ou mesmo qualquer outra descoberta. Se pudermos nos deslocar do Rio para São Paulo em cinco minutos, ou se tivermos televisão de 3D em casa com duzentos canais de entretenimento disponíveis, não seremos, por definição, mais felizes. A felicidade é um equilíbrio com a vida que independe dos aplicativos que esta nos oferece. Mesmo a promessa maior da ciência, que é a ampliação de nossa longevidade ou, até mesmo, a imortalidade, são possibilidades que não fazem sentido até que saibamos a razão da própria vida. Para ser imortal, não basta não morrer, deve-se entender profundamente por que não morrer. Na verdade, não temos a menor ideia de tudo que é necessário, além de não morrer, para ser imortal. Ou seja, a vida está limitada também por aquilo que temos capacidade de enxergar.

A tradição judaica tinha duas propostas de ficção que acabaram se incorporando à civilização ocidental. A ideia Messiânica e a Ressurreição dos Mortos.

A ideia Messiânica era uma construção intuitiva de que um dia se instalaria definitivamente uma compreensão de mundo que neutralizaria o maior inimigo dos seres humanos. E quem era o inimigo maior? O próprio ser humano. As maiores e mais inaceitáveis violências em nossa História foram perpetradas por seres humanos. A crueldade destas violências foi mais letal do que qualquer cataclismo natural. As memórias das injustiças e traições do passado são mágoas mais intensas hoje do que a própria dor das moléstias deste passado. A harmonia entre os seres humanos representa acabar ou reduzir a níveis totalmente insignificantes tanto o desejo predador por prosperidade quanto o sentimento de inveja. Tal acontecimento teria um impacto tremendo sobre o pl*net*a e nossa qualidade de vida.

Mas como isto seria possível? Não através de avanços na realidade, mas na virtualidade. Este mundo pode ser transformado não por conta de alguma descoberta externa, mas, certamente, interna. Tudo que o mundo externo pode nos fornecer são metáforas que nos fazem despertar de nosso torpor. Essas mudanças de percepção profunda da vida e de suas prioridades exigirão uma releitura radical da realidade.

A tradição hebraica expressa através de uma de suas principais preces[*] esta esperança de que um dia o mundo venha a ser

---

[*] *Aleinu Leshabeach*, Sidur tradicional.

povoado por seres que compreendam que a realidade nada mais é do que um portal para outras realidades, ela diz: "Sobre nós [que vemos virtualmente] está a responsabilidade de transmitir a grandiosidade do Criador [da rede], pois não nos fez como as massas que se curvam a realidades menores... Esperamos, portanto, que o mais brevemente possa toda a humanidade chamar por Teu Nome e aceitar sobre si a Tua soberania [que nos é percebida como virtual]... E neste dia YHWH será absoluto em todo o universo, neste dia YHWH será Um e seu Nome será Um."

O mundo antigo intuiu que um dia ocorrerá um impactante insight e que todo humano terá acesso a uma porta. Por ela se permitirá a consciência universal da existência e realidade do mais antigo conceito virtual coletivo da civilização – o Criador.

Este novo termo e conceito – virtual – nos oferece uma outra opção entre realidade e ilusão. Freud em sua mais aberta crítica às tradições religiosas escreve um livro cujo título é *O futuro de uma ilusão*. Talvez ele mesmo estivesse profetizando com este título que muitas de nossas ilusões de hoje, que certamente podem alimentar muitas patologias, se misturam no mais profundo de nosso inconsciente com as intuições e as memórias primevas. O futuro da ilusão é a possibilidade de ela transcender a esfera do que é mentiroso e tornar-se virtual. Nossos sentidos grosseiros não percebem, mas nossa sintonia mais sensível tem acesso a ela.

A tecnologia de lidar com o virtual é muito antiga. Enquanto hoje temos acesso à virtualidade através das construções visuais e de comunicações de nossos computadores, o passado possuía seus próprios instrumentos para pe*net*rar esta dimensão. A mídia, como já mencionamos, era o texto. Era, na verdade, o exercício que faziam os quatro sábios que entraram no pomar. Esta entrada e saída, quando feitas ambas em paz, representavam o passeio do cabalista por entre mundos não reais. Os passeios ao mundo virtual acessado através dos textos é uma das formas mais impressionantes de transcender a limitação de nossos sentidos e de nossa mente.

Um exemplo deste passeio, até onde o podemos compreender através de um meio tão pobre como um livro, é o comentário do Rabino Schneerhson, o último rabino Lubavich.[*] O rabino conecta dois textos do Talmude, transformando-os num portal para obter informações virtuais. O primeiro é um texto árido e técnico sobre o dia apropriado para um casamento. Ele diz: "Uma virgem se casa no quarto dia, uma viúva no quinto e uma desquitada no sexto..." O segundo texto diz: "Perante os olhos de D'us mil anos é como um dia."

O primeiro texto, superficialmente, é de ordem banal. Uma moça virgem se casava na quarta-feira porque na quinta[**] pela manhã era o dia em que se reunia o tribunal rabínico para julgar pequenas causas. Entre estas causas poderia estar a reclamação de um possível noivo que descobrisse em sua noite de núpcias que sua mulher não era virgem. Casar-se na quarta-feira era conveniente pois, no caso de a mulher não ser virgem, o casamento poderia ser desfeito no dia seguinte, fosse este o desejo do noivo.

O rabino, porém, retirou este texto de seu contexto real e colocou sobre ele filtros para transcender não apenas os ruídos do tempo e dos costumes antigos, mas também seu enfoque.

Ele percebeu que "casamento" é também uma metáfora para a conexão entre os seres humanos e o Criador. Segundo a tradição judaica, a Revelação no monte Sinai foi um casamen-

---

[*] Este comentário é relatado por Reb Zalman Schachter, que o ouviu do próprio rabino em uma casa de estudos na França, no final da Segunda Grande Guerra.
[**] Segundas e quintas eram dias de feira, propícios para a realização de eventos públicos.

to (uma acoplagem) entre criatura e Criador. Tanto é assim, que um "certificado de matrimônio" – a Torá – foi conferido por conta deste evento. E tudo isto faz muito sentido no mundo antigo, onde o amor era a conexão invisível (virtual) mais palpável da experiência cotidiana. O amor de D'us propiciara esta acoplagem. Lembremos que o próprio verbo em hebraico "saber" tem a mesma raiz do verbo "penetrar" e que várias vezes este é usado para simbolizar uma relação sexual.

Na verdade, três são as exigências de um casamento pela tradição judaica: um dossel onde a cerimônia é realizada, um certificado de matrimônio e o ato sexual. Sem um destes, o casamento não é concluído. O documento havia sido dado ao povo hebreu através da Torá; a relação de acoplamento havia sido realizada pelo influxo de informação que o Criador despejara em sua criatura. Faltava apenas a cerimônia sacramental sob o dossel. Quando esta deveria acontecer?

Nosso segundo texto passa agora a ser importante. Se para o Criador "mil anos é como um dia", quando é que este casamento se concluirá? Voltamos ao primeiro texto: "uma virgem se casa no quarto dia, uma viúva no quinto e uma desquitada no sexto". Se cada dia é "como mil anos" para o Criador o casamento deveria ter se dado no quarto milênio. É fundamental saber-se que o calendário judaico registra o ano de 2011 como o ano 5777 da criação do mundo. Portanto, este casamento deveria ter ocorrido há mais de mil e oitocentos anos. Perceba-se a coincidência com todo o movimento messiânico em Israel no período de Jesus.

Mas por que não se deu? Porque Israel não era uma virgem. O simbolismo do povo que adultera e que trai o compromisso com o Criador é bastante difundido na teologia hebraica. Se Israel não pode casar no quarto dia como uma virgem, em que dia poderá ocorrer este casamento? Certamente não no quinto dia, pois Israel não é uma viúva (como quereria Nietzsche). Ela é uma desquitada. Sim, pois o conceito de seu adultério representa um processo de desquite dos deuses menores que esta desposou, para só então a realização do esperado matrimônio. Se Israel é uma desquitada, quando será o casamento? No sexto dia. No sexto milênio.

Ora, se estamos no ano 5777, este já é o sexto milênio. Na verdade faltam cerca de duzentos e trinta anos para o seu término e para o início do sétimo milênio. O recasamento está próximo. Mais próximo do que se imagina, dizia o rabino. Se o casamento é no sexto dia e esta é a véspera do sábado significa que para os judeus há ainda outras restrições. Um casamento não pode ser feito no sábado, e como este se inicia para os judeus não à meia-noite mas ao cair do sol de sexta-feira, e as proibições do sábado já se aplicam uma hora antes do pôr do sol, então o casamento deve estar por se concretizar.

Este é um exemplo do trabalho dentro do espaço virtual. A realidade é marcada pela realidade dos textos. Esta mesma realidade que podemos nos perguntar se fala a verdade. Quando os seres humanos percebem coletivamente as lógicas e metáforas do mundo virtual, estas podem tornar-se verdades bem mais legítimas do que o *status quo* da dita realidade concreta.

A Era Messiânica está em nossas cabeças, pronta e concebida. É um objetivo profundo do ser humano transformar o virtual em real.

A última fronteira da virtualidade
– a ressurreição dos mortos

De todos os cenários virtuais que o ser humano é capaz de criar em seus sonhos e imaginação, o mais ousado é, sem dúvida, vencer a barreira da morte. Novamente, o nosso mundo só consegue pensar em termos da realidade. A eficácia científica é sempre voltada para o controle. Para esta, a única maneira de vencer a morte é através da imortalidade. A morte é portanto uma adversária, vista da mesma forma que uma doença.

O mundo virtual oferece outra alternativa: a morte pode ser uma porta. Fechá-la definitivamente pode ser um grande erro.

A tradição judaica criou uma estranha ideia em suas elucubrações sobre as surpresas que o futuro promete. Ou melhor, que o futuro permitirá acesso, uma vez que tudo o que o futuro oferecerá já existe hoje, inacessível. Trata-se da ressurreição dos mortos. Esta estranha ideia nunca foi plenamente esclarecida dentro da própria tradição judaica. Maimônides tentou dar-lhe sentido uma vez que esta ideia tornou-se central na teologia judaica, mas suas explicações não são de todo esclarecedoras. Aparentemente, num dado momento, todos os que já foram vivos serão reavivados. Mas ninguém explicita onde e como viverão. Serão então imortais? Serão os indivíduos vivos desta época também elevados à categoria de imortais? E como será então o mundo?

Este conceito não é considerado nem alternativo nem especulativo no judaísmo. Diferente de outras doutrinas tal como a reencarnação, a ressurreição dos mortos é um conceito normativo do judaísmo, estando presente inclusive na liturgia das orações diárias. Qual a razão de haver tão pouco esclarecimento sobre um conceito tão normativo?

Uma das impressões que se tem estudando o tema é de que os rabinos não sabiam explicar com palavras o que este conceito representava. Sabiam que vencer a morte não era da esfera humana, mas divina. Ao mesmo tempo, sem ter que dominar a realidade como deseja a ciência, talvez fosse possível forjar uma nova compreensão e relação com a morte que não representasse a descontinuidade que nela entendemos em nossos dias. Os rabinos entendiam que presenciar, ser contemporâneo de um vivo e vê-lo sumir de repente era uma limitação de nossas mídias. Quando esta mídia contemplar o mundo com o auxílio de outras mídias, ou simplesmente através de sensibilidades hoje ociosas de nossa mídia, a morte poderá ser uma porta. Ela delimitaria, mas não quer dizer que não se pudesse por ela passar ou mesmo retornar.

Sugiro compreender que a ressurreição dos mortos será o evento magistral no qual as fronteiras da vida e da morte serão compreendidas como portas. Elas são experimentadas hoje como portas – há os que nascem e os que morrem –, mas não são visualizadas como tal. A possibilidade de entrar virtualmente na morte, de haver uma comunicação mais direta com a rede e por ela acessar a dimensão não física, seria experimentada como uma ressurreição daqueles que já morreram. Não se trata de falar com os mortos, como se estes estivessem presos em outro mundo, fazendo coisas e experimentando suas mortes na condição de proibidos de entrar em contato conosco. Estamos falando de outra mídia.

Há trezentos anos se contassem para alguém que poderíamos falar do Brasil ao Japão instantaneamente, imaginariam que teríamos que gritar muito alto. Há cinquenta anos ninguém imaginaria que isto seria possível sem um fio. Hoje, pelo ar, eu falo com o Japão. Tal como hoje posso, do lugar onde estou, estar em fala, escuta e visão no Japão, um dia minha mão irá para o Japão instantaneamente e apertará a mão de um parceiro. Este lugar será aquele e aquele será este.

Na interpretação que acima vimos do rabino de Lubavich, o mundo tornar-se-á messiânico na virtualização de sua relação com o mundo. Nossos interesses não mais serão pessoais e locais, mas representarão os interesses de todos e de tudo. Neste dia haverá uma globalização não só da economia mas dos interesses. Mil anos depois de instaurado este processo de paz e harmonia, no final do sétimo milênio, no fim da semana, do shabat divino, se reiniciará mais uma outra semana. Mas no final deste sábado de milênios se conhecerá a ressurreição dos mortos. Será a possibilidade de um mergulho na rede que, se organizada por alguma mídia sensitiva, poderá nos permitir virtualmente até tocar toda criatura que já viveu neste mundo.

Fazem muito bem os rabinos de não falar sobre este evento de maneira mais concreta. Toda tentativa resultará em ficção baseada em nossos próprios desejos. Há porém que se reconhecer a validade de uma certa intuição de que os mundos, quaisquer que sejam, se interpe*net*ram em um não lugar. É importante, mais uma vez, salientar a diferença de se interpe*net*rarem em um não lugar e não apenas em um lugar. Querer forçar estes mundos num lugar é a transgressão dos limites de nossa mídia sensitiva e é confundir virtualidade e ilusão. O não lugar é o espaço destes acontecimentos. Eles serão virtuais, como tudo o é.

Elias, cadeiras, janelas e portas

Ao falar-se de virtualidade e de morte não se pode deixar de mencionar a figura lendária do Profeta Elias. Isto porque Elias não morreu, mas também não está vivo. O relato bíblico descreve sua saída de cena deste mundo como "uma ascensão aos céus num ciclone". O próprio profeta repetidamente garante a Eliseu, seu maior discípulo, que: "Como o Eterno vive e como tu vives... eu não partirei de ti." Fundamentada nesta afirmação a tradição popular e o folclore judaico desenvolveram uma relação ímpar com a presença-não-presença de Elias. Elias está sempre presente em eventos importantes do ciclo de vida do ritual judaico. Na circuncisão, por exemplo, uma cadeira é deixada para Elias. Na Páscoa, no Pessach, uma cadeira e um cálice são reservados para ele, além de realizar-se, nesta cerimônia, a abertura ritual da porta da residência onde se comemora a festa para recepcionar o profeta.

A tradição judaica criou uma maneira bastante estranha de honrar a singularidade deste personagem – ele é aquele que está, mas não está.

O folclore judaico foi ainda mais criativo. Elias aparece e desaparece nos lugares e momentos mais inusitados. Ele pode ser visto no mercado, manifestando-se numa interface com o mundo mais concreto e mundano. Ou ele pode se disfarçar de mendigo e surpreender podendo não apenas estar em qualquer lugar ou em qualquer momento, mas também sob qualquer forma ou entidade. Ele é em geral uma figura errante, um desterrado absolutamente em paz com esta sua condição. Ao contrário da alma penada, ele perambula com grande felicidade pelos mundos. E para tornar ainda mais misterioso seu arquétipo, a tradição designa a ele a tarefa de anunciar a instauração dos tempos messiânicos e da chegada do Messias.

Não há dúvidas de que seu personagem é intrigante. Mas por que tanta deferência e qual é exatamente a especificidade do simbolismo que Elias representa?

Elias não é um imortal. Não é, portanto, de uma ordem divina. Elias é mortal e prova disto é que a continuidade de seu pensamento e de sua escola foi passada ao discípulo Eliseu. Em outras palavras, Elias morre. Como morreu Moisés, a quem D'us teria falado face a face. Elias, no entanto, é uma entidade modelo. Um modelo, um protótipo do ser humano que habitará este mundo que "um dia ele virá anunciar". Haverá um momento da História em que o ser humano será banhado pela inspiração divina (profecia) e se tornará tão sensível como o foi Elias. Com sua sensibilidade, Elias consegue não morrer. Isto não ocorre porque é um imortal mas um atemporal.

Por atemporal devemos entender não apenas a qualidade daquele que não é provisório ou interino mas também daquele que transcende sua própria condição mundana, temporal.

O imortal controla a morte e é da ordem divina. Aquele que é atemporal, por sua vez, não está no tempo, ele existe numa condição virtual, fazendo-se presente através da rede da qual é parte.

Elias não é real, pois para isto teria que estar vivo. Elias também não está morto, pois isto o faria uma ilusão. Elias é presença porque é virtual. Acima de tudo, ele representa alguém que tem acesso a janelas – podendo prometer estar sempre presente – bem como acesso a portas – podendo concretizar esta presença.

Uma passagem do cabalista Iossef Caro* em muito esclarece sobre o simbolismo do arquétipo de Elias. Ele recomendava: "Quando quiseres que Elias fique visível diante de ti, concentre-se nele antes de ir dormir. Há três maneiras de percebê-lo: 1) em seu sonho; 2) enquanto desperto sendo capaz de cumprimentá-lo e 3) enquanto desperto, sendo capaz de cumprimentá-lo e de ter este cumprimento correspondido."

Temos aqui explicitadas três dimensões de estar no não lugar. A primeira delas é a forma mais concreta de não estar num lugar. Trata-se da dimensão de nossa imaginação ou de nossos sonhos. Neste não lugar tão presente em nosso cotidiano (ao qual nomeamos e tratamos de forma concreta) conseguimos de tal forma ludibriar a mídia de nossos sentidos que experimentamos o gostinho da virtualidade. Mas ela se apresenta a nós como ilusória. Prisioneiros dentro de um lugar que é nossa realidade concreta, não podemos legitimar este mundo onírico como sendo verdadeiro. Neste nível, Elias é uma mera cadeira simbólica de nossa prisão na dimensão de estarmos nesta casa construída por nossos sentidos objetivos.

Podemos, porém, ir mais longe. Podemos transcender a dimensão de nossa casa através de suas janelas. Estas podem nos levar não só a sonhar ou conceber a presença de Elias mas verdadeiramente enxergarmos sua realidade. Desde a janela, ele nos cumprimenta simbolizando a interferência de uma outra realidade que se faz perceptível.

---

* *The Way of the Jewish Mystics*, traduções de Aryeh Kaplan.

Num sentido ainda mais profundo, é possível que, além de sermos impactados por esta realidade externa à nossa, possamos também pe*net*rá-la. Perceber Elias numa relação externa à realidade, onde um nem-morto-nem-vivo nos cumprimenta e onde conseguimos responder-lhe com um cumprimento, é ultrapassar limites que só as portas demarcam.

A casa que construímos de cadeiras, janelas e portas é feita para nos proteger. Nos protege do sol, da chuva, do vento e até mesmo dos outros. Mas é justamente de tudo isto que nos protegemos que obtemos a possibilidade de nossa sobrevivência. O que seria de nós sem o sol, a chuva, o vento ou os outros? Nós nos protegemos daquilo que mais precisamos, daquilo que representa a própria viabilidade de nossa existência. Assim é com a realidade. Nós nos protegemos da realidade através de sentidos limitadores que têm como função encobrir a intensidade daquilo que mais precisamos.

Elias ao subir aos céus, ou seja, ao entregar-se à rede sem fazer uso da metáfora da desconexão, da morte, tornou-se um arquétipo da conexão desta rede. Este Elias em qualquer lugar, em qualquer momento ou em qualquer entidade é o tudo contido em todos.

É ele o exemplo maior daquele que está em casa, não estando em casa. É ele o mestre que compreendeu que o exílio, no sentido mais profundo, é estar verdadeiramente em casa. E é isto que nos virá trazer como "boa-nova".

A terra – lugar – prometida

Se há algo que a tradição dos hebreus nos deixou como metáfora é a "terra prometida". A promessa permanece até hoje e o exílio dos judeus não é definido unicamente pelo afastamento que tiveram da terra de Israel. Desde o relato bíblico este povo é exilado. Busca a sua terra mas nunca a encontra. Quando nela está assentado falta-lhe algo para que seja identificada como a terra prometida.

Quando, no relato bíblico, Moisés envia espiões para trazer notícias deste "lugar prometido", eles retornam com uma reportagem misto de assombro e medo. Dizem eles (Números 13:32): "Fomos a terra a que nos enviaste: e verdadeiramente emana leite e mel... A terra, pelo meio da qual passamos a espiar, é terra que consome os que nela se assentam, e todos os homens que nela vimos são homens de grande estatura. Também vimos ali gigantes, descendentes dos gigantes: e éramos a seus olhos como gafanhotos, assim também éramos aos nossos olhos."

O Zohar, a maior fonte de referência escrita sobre o misticismo judaico, entende este relato como se realmente os espiões tivessem visto estas cenas fantásticas. Eles estiveram na terra prometida e a realidade desta terra se desdobrou em muitas. São realidades que podem assumir formas assustadoras, mas, acima de tudo, este lugar "consome os que nele se assentam". Segundo interpretações chassídicas esta terra consome de duas maneiras. Para alguns ela é perigosa porque o assentamento sobre o lugar os engole. Estas pessoas só conseguem ver a realidade mais imediata e concreta. A rotina, o sustento tirado da terra, as consome. Elas não conseguem enxergar nada que tenha densidade menor do que a terra. Tudo, para ser real, deve ser duro, pesado e reproduzível como uma experiência. Estas pessoas habitam, ou melhor, são escravas da dimensão de lugar. Para estas pessoas, este não lugar, esta terra prometida, é muito perigoso.

Outras, por sua vez, podem se perder nas maravilhas e ilusões que podem advir do não lugar. Das emanações de prazer (leite e mel) ao sofrimento e terror (gigantes), o não lugar se transforma em uma porta que nos deixa trancados do lado de fora. Nada que tenha a dimensão mais sólida, como a da terra, parece atrair ou satisfazer tais pessoas. Elas enlouquecem ou tornam-se hereges.

Há uma virtualidade nesta terra prometida que não lhe permite ser um lugar. Como tal, como um pomar, ela oferece tremendos perigos para aquele que não sabe habitá-la sem ser tragado por ela. Rabi Akiba, com certeza, seria um bom cidadão desta terra.

Esta terra é virtual, seu olhar é o da rede para o site. Disseram os espiões que eram "como gafanhotos a seus olhos". Como sabiam o que seus olhos viam? Sabiam porque esta é a terra onde o olhar não é do um para o todo, mas do todo para o um. Lá eles não encontraram "gigantes", mas o Outro, D'us. Em Isaías (40:22) se pergunta: "Quem é que se assenta na circunferência do mundo e vê seus habitantes como gafanhotos?" O Eterno, o olhar do todo para o um.

O mundo do futuro será um mundo de grandes acessos. As pessoas terão que ser Rabi Akiba para não se perderem nesta terra, neste lugar. Elas poderão migrar por portas nunca antes imaginadas, mas deverão ser portas giratórias. Dependendo de quão giratórias, a era em que o Nome será Um dará lugar à era em que tudo será Um.

Neste dia se cumprirão no tempo antigas profecias acessadas do lugar. "Falai a Jerusalém que é chegado o fim do exílio..."; "Desperta, Desperta, ó Jerusalém! Dá-te volta, dá-te volta e sai dali!"; "Passa, passa o portão... D'us fez ouvir-se por todo o mundo: Tua redenção chegou!"*

---

* Isaías, cap. 40; Isaías, cap. 51; Isaías, cap. 54.

"Abre-nos o portão, na hora em que este se fecha, pois já termina o dia. O dia já vai findando e o sol se deita no poente; faz-nos entrar por Teus portões!"

Oração de Neilá, no final do Iom Kipur.

Impressão e Acabamento
EDITORA JPA LTDA.